# Pioneirias & Técnicas de campo

## para escoteiros

Jorge Kuma Sototuka

1ª edição

HBg Comunicações

São Paulo
2014

**Autor da Obra**
Jorge Kuma Sototuka
pioneiriasetecnicas@gmail.com



**Coordenação Editorial**
Arnaldo Branco Filho
Helvio Borelli
Monica de Freitas

**Projeto Gráfico/ Capa**
Alexandre Archanjo

**Produção Gráfica e Editoração**
B2 Comunicação

**Fotos**
Christie Sototuka

**Revisão**
Cristina M. K. Sototuka
Vera Lucia Santos Silva

11 3865-4514

Dados Internacionais de Catalogação na Publicação (CIP)
Câmara Brasileira do Livro, SP, Brasil

Sototuka, Jorge Kuma
Pioneirias & técnicas de campo para escoteiros/ Jorge Kuma Sototuka. -- 1ª edição -- São Paulo: HBG Editora, 2014.

ISBN 978-85-61771-05-8

1 - Escotismo    I. Título.

14 - 08648    CDD - 369.4

**Índices para catálogo sistemático**
1. Escotismo: Sociedades de Jovens    369.4

> “O tema abordado neste livro é estudado pelos diversos autores de guias e manuais escoteiros pela importância do assunto na formação de nossos jovens e, em especial aqui, é tratado de maneira específica a contribuir tanto ao jovem quanto ao adulto na aplicação do programa idealizado por Baden-Powell, por isso de sua atual importância no meio escoteiro”

PREFÁCIO

# ESCOTISMO SE APRENDE FAZENDO

Com um grande orgulho fui convidado a apresentar o livro do companheiro Jorge Kuma Sototuka "PIONEIRIAS & TÉCNICAS DE CAMPO PARA ESCOTEIROS", uma seleção de pequenos textos e muitas imagens daquilo que o movimento escoteiro apresenta como uma das faces da arte do campismo, apresentando as técnicas de construções que vão facilitar a vida no acampamento, os projetos de pioneirias e os equipamentos necessários para a sua execução.

Desde a edição original do Escotismo para Rapazes, o tema abordado neste livro é estudado pelos diversos autores de guias e manuais escoteiros pela importância do assunto na formação de nossos jovens e, em especial aqui, é tratado de maneira específica a contribuir tanto ao jovem quanto ao adulto na aplicação do programa idealizado por Baden-Powell, por isso de sua atual importância no meio escoteiro.

O autor deste livro ingressou no movimento escoteiro ainda jovem em 1965 e participou de grandes atividades nacionais e internacionais, contribuindo também como escotista e dirigente em sua unidade escoteira e nos níveis regional e nacional de nossa associação, em especial aos Grupos Escoteiros ligados à colônia japonesa de São Paulo onde idealizou e coordenou muitas reuniões e atividades.

A atenção e preocupação do autor na aplicação das diversas técnicas de campismo o fizeram se dedicar a elaborar este livro, que podemos asseverar o ineditismo na forma de conteúdo e apresentação que se propõe a indicar os conhecimentos adquiridos nestes anos de vivência com muitos companheiros que o ajudaram a construir seu conhecimento.

Dividido em sete capítulos, a leitura fica interessante pela grande quantidade de imagens e nela podemos apreciar as ferramentas e equipamentos descritos e as amarras utilizando tiras de borracha e tipos de bambus utilizados nas diversas pioneirias e muitas dicas de corte e conservação. No capítulo de pioneirias são apresentados os modelos de mesas, pontes, portais e torres de observação e também tipos especiais de torres. Há também um capítulo dedicado aos toldos e outro com projetos especiais interessantes.

Certamente este livro vai contribuir para a aplicação de nossas técnicas de campismo e confirmar mais uma vez um dos pontos de nosso método: "Escotismo se aprende fazendo".

***Alexandre Banchi***

# COLABORADORES

## Euclides Santos Pallamin

Engenheiro mecânico, trabalhou por muitos anos na General Motors do Brasil. No Movimento Escoteiro fez a Promessa Escoteira em 1990, no GE Falcão Peregrino. Portador de IM. Participou de diversas atividades internacionais. Foi chefe de Tropa por mais de uma década e contribuiu de forma exemplar realizando os melhores acampamentos regionais dos últimos anos, como Diretor de Eventos.

## Felipe Sototuka

Engenheiro civil. Foi membro juvenil desde lobinho até tornar-se Chefe da Tropa Sênior do G.E. Falcão Peregrino. Membro da Equipe Nacional de Relações Internacionais, onde, destaca-se a atuação como chefe de contingente no Moot Mundial no Canadá, em 2013, e nomeação como Comissário Internacional Adjunto.

## Renato Araújo Silva

Engenheiro químico e pós graduado em Marketing. Atuou como Diretor Presidente da Região de São Paulo por 6 anos. Participou de diversas Comissões Nacionais e da Região de São Paulo, ora como coordenador ora como membro. Proprietário de empresa no setor de tratamento de água e professor universitário na Universidade Mackenzie.

## Enio Atsushi Kobara

Engenheiro Mecânico, foi membro juvenil desde a Tropa Escoteira e foi o primeiro pioneiro a conquistar a Insígnia de BP no GE Falcão Peregrino. Participou de diversas atividades internacionais. Foi assistente e logo chefe de Tropa Guia, até 2012. Aprendeu suas primeiras pioneirias como escoteiro e desde então sempre procurou elaborar projetos diferentes e desafiadores.

## Stefano Henrique Shindi Kawato

Foi membro juvenil desde a Alcateia. No Jamboree da Inglaterra em 2007 durante momento de necessidade e pouco material construiu um varal que ficou aqui registrado.


# AGRADECIMENTOS

## Eduardo Fujiwara

Pela cordialidade e apoio sem medir esforços nas atividades que realizamos em conjunto. Uma parte dos projetos deste livro foi realizado em seu sítio.

## Grupo Escoteiro Falcão Peregrino

Onde passei a maior parte de minha vida escoteira e onde criei minha família. Ao Clã Pioneiro, à Tropa Sênior e Tropa Guia, que muito contribuíram na reconstituição de alguns projetos.

## DEDICATÓRIA

À minha esposa Cristina e aos meus filhos Felipe, Rui e Christie.
São pessoas das quais tenho o maior orgulho.

Pioneirias & Técnicas de campo para escoteiros

# I. EQUIPAMENTOS DE CAMPO

### APOIO PARA CORTES

Para corte de madeiras e bambus

Tem várias funções:

- ✓ Facilidade
- ✓ Rapidez
- ✓ Segurança
- ✓ Uniformidade no corte
- ✓ Melhor conservação do serrote ou serra, por evitar contato com o solo.

Os modelos são muito variados, desde uma simples forquilha em uma árvore até os sofisticados suportes encontrados no comércio.

**CORDAS**

SISAL ou MATERIAL SINTÉTICO?

Como material imprescindível para as nossas pioneirias, ao longo do tempo, passamos a dar preferência ao uso da corda sintética (PP ou polipropileno).

Em casa especializada na cidade de São Paulo é possível encontrar o PP de 4mm a exatamente o dobro de preço (*) em relação à corda de sisal do mesmo diâmetro. A grande vantagem *é que o PP dura muito mais* que o sisal. O sisal é utilizado por cerca de duas vezes, enquanto que o PP pode chegar a mais de dez vezes. Assim, ao longo do tempo o custo fica menor.

(*) trata-se de PP confeccionado com linhas de diversas cores, resto de produção de cordas de cores específicas.

Existem outros materiais sintéticos disponíveis como PET (reciclado das garrafas), que tem preço similar ao PP, mas apresenta grande incoveniente de romper com maior facilidade. Existe a corda de nylon, que é mais resistente, porém a preço quase proibitivo para a nossa prática diária.

**Como padrão em nossa atividades, deixamos o PP de 4mm cortado com 5 metros.**

TABELA DE RESISTÊNCIA DAS CORDAS EM KG DE ACORDO COM OS DIÂMETROS MAIS UTILIZADOS

| MATERIAL | 4mm (5/32 polegadas) | 8mm (5/16 polegadas) | 10mm (3/8 polegadas) | 12mm (1/2 polegada) |
|---|---|---|---|---|
| SISAL | 100kg | 225kg | 290kg | 550kg |
| PET | 100kg | 350kg | 545kg | 770kg |
| PP | 290kg | 1.050kg | 1.300kg | 1.790kg |
| NYLON | 380kg | 1.200kg | 1.500kg | 2.200kg |

REFERÊNCIAS TÉCNICAS FORNECIDAS PELOS FABRICANTES

## CORTADOR DE BAMBU EM TIRAS

Este instrumento já é conhecido em nosso meio. Ele está sendo descrito neste capítulo com algumas dicas para sua confecção e utilização.
Os cortadores de bambu mais úteis tem sido os de 6, 7 e 8 lâminas.
O modelo aqui descrito foi confeccionado com facões comuns, cortados em pedaços de 7cm e soldados sobre um eixo.
Segue abaixo uma tabela para escolha do fatiador adequado para os diâmetros mais comuns de bambu, de acordo com largura desejada das tiras.

| | DIÂMETRO DO BAMBU | | | | | |
|---|---|---|---|---|---|---|
| NÚMERO DE LÂMINAS | 7CM | 8CM | 9CM | 10CM | 11CM | 12CM |
| 5 | 4,39 | 5,02 | 5,64 | 6,28 | 6,9 | 7,536 |
| 6 | 3,65 | 4,18 | 4,7 | 5,23 | 5,756 | 6,28 |
| 7 | 3,14 | 3,58 | 4,03 | 4,48 | 4,93 | 5,38 |
| 8 | 2,74 | 3,14 | 3,53 | 3,92 | 4,31 | 4,71 |

Por exemplo: se tivermos um bambu de 9cm de diâmetro e quisermos tiras de 3,5cm, a melhor opção é por um fatiador de 8 lâminas.

*“O autocontrole é possível de ser aprendido. O exemplo mais simples de aprender autocontrole está nos primeiros anos de vida escolar, onde a criança levanta seu braço, espera a sua vez e em seguida tem a oportunidade de se manifestar. Isto significa disciplina”*

## CORTANDO TIRAS DE BORRACHA

Parece fácil, mas não é.
Vemos com muita frequência o resultado de quando se entrega o "serviço" aos menos avisados:
- as tiras de borracha vêm tortas (larguras variáveis) e ou com "boca", que faz com que a tira se parta com facilidade

FORMAS DE CORTAR CÂMARAS DE AR

✓ TRANSVERSAL no perímetro menor (vide figura a seguir)
Ideal para quando se quer argolas menores, que posteriormente podem ser unidas com nó em 8.

✓ PERÍMETRO MAIOR (vide figura a seguir)
Permite obtenção de tiras longas ou argolas grandes.

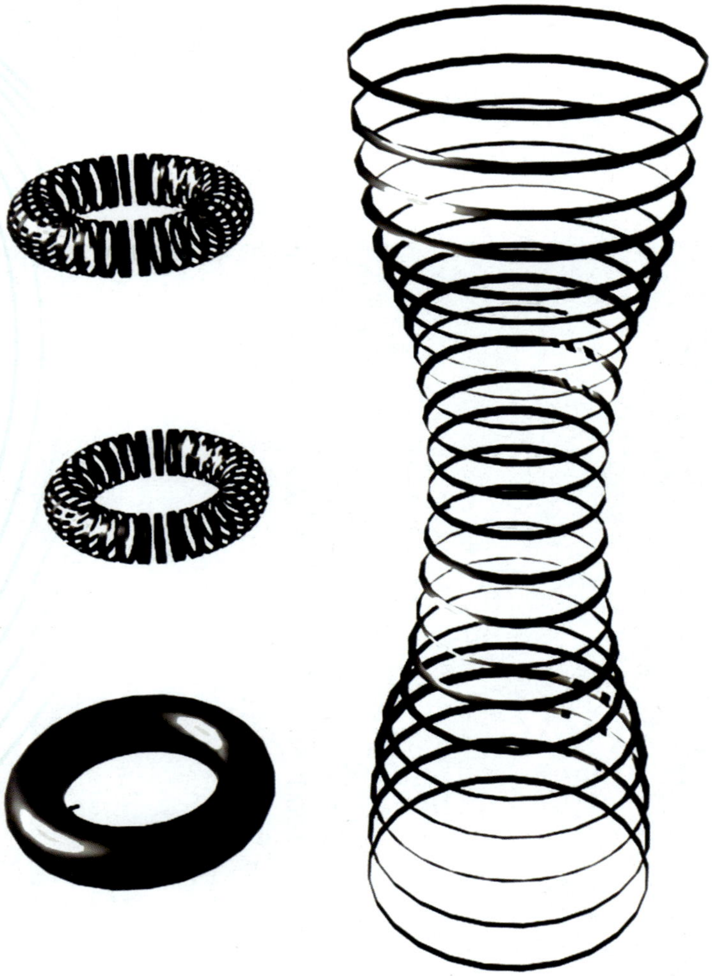

À esquerda da figura, é representada a secção no sentido transversal e à direita, no sentido do perímetro maior.

Como podemos cortar as câmaras de ar:

✓ COM FACA, ESTILETE

✓ COM TESOURA

✓ COM FILETADOR DE FÓRMICA

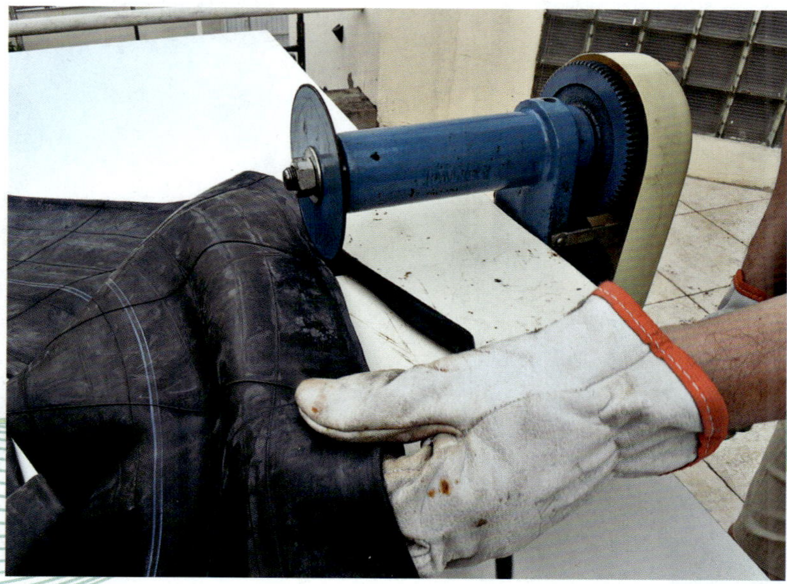

O filetador de fórmica permite um corte uniforme, maior do que com facas, tesouras e estiletes

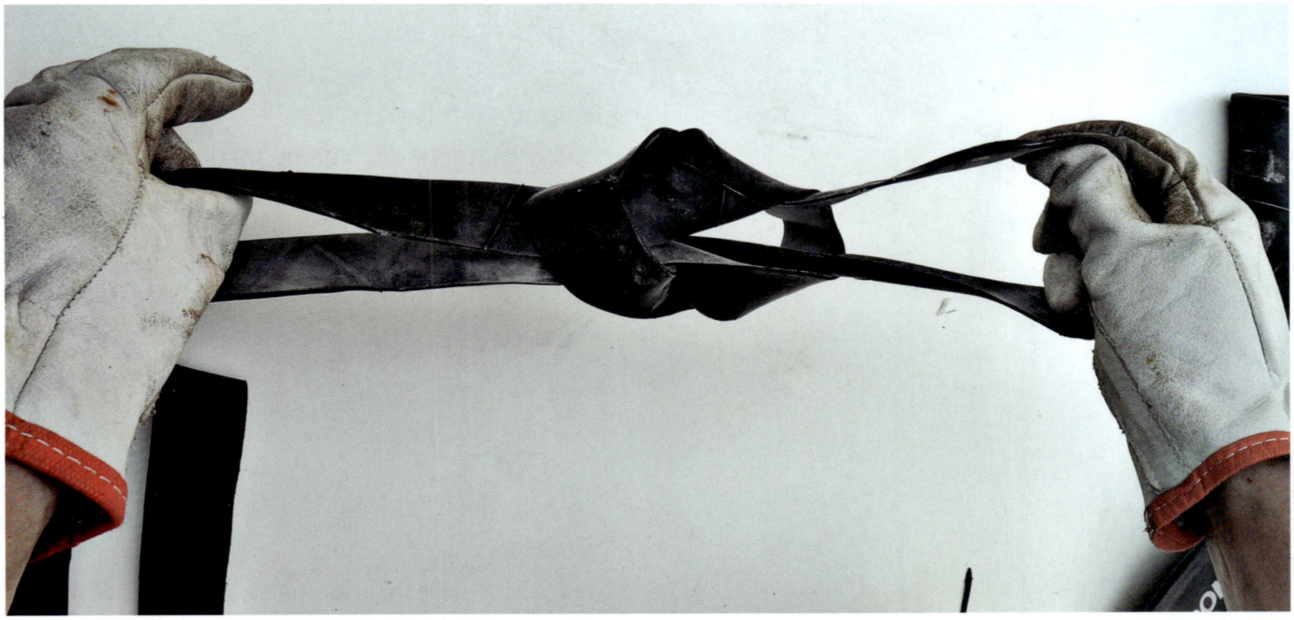

Unindo argolas de borracha com nó em oito (basta passar uma dentro da outra)

## ESTICADORES DE CORDA

Aprendemos com os nossos monitores o uso do "volta do enfardador" ou "nó do caminhoneiro" ou mesmo a "volta redonda com dois cotes", para esticar a corda da barraca ou da cobertura. No entanto, a maioria das barracas contemplam algum modelo de esticador que simplifica a tarefa. A seguir ilustramos os esticadores mais comuns.

Ilustração de diversos modelos de esticadores

Um modelo de esticador bem escoteiro:
- É o confeccionado com um pedaço de galho de árvore de cerca de 5cm e três furos de 5mm. As melhores madeiras para este fim são as de arvores frutíferas com casca fina (goiabeira, pitangueira, ou jabuticabeira), que são bem resistentes.

Esticador feito com galho de árvore

## LENHADOR RACIONAL: CUNHAS

Para não cair no esquecimento, lembro o uso das cunhas, um instrumento muito útil para o lenhador.

A seção transversal das madeiras, como troncos e galhos de maior diâmetro, são mais facilmente realizadas com uso de serras. As serras podem ser manuais, motorizadas a gasolina, elétricas ou de bateria.

Quando a seção é longitudinal no sentido das fibras a cunha é um ótimo instrumento de ajuda. O modo de usá-las é provocando rachaduras cada vez maiores com auxílio da marreta.

A aplicação da cunha é realizada com auxílio de uma marreta e pode ser única ou múltipla, conforme extensão e resistência da madeira. Comercialmente podem ser encontradas cunhas de diversos tamanhos, de modo que é possível adequar o uso em diversas situações.

*"O conhecimento aumenta o autocontrole. O escotismo contempla com reconhecimento, através de distintivos em diversos graus, o demonstrar saber em quaisquer áreas do conhecimento desde habilidade em cozinha, até grandes conhecimentos em primeiros socorros, esportes, artes, etc"*

## MARRETA PERMANENTE

O modelo aqui proposto é próprio para fixar estacas de maior porte como as usadas para ancoragem

Esta marreta já está em uso há mais de uma década, sem sinais de muito desgaste, mesmo tendo sido utilizada nos mais diversos tipos de materiais, inclusive estacas de ferro.

> *"O autocontrole está presente no artigo da Lei que diz "O escoteiro é obediente e disciplinado". Não significa que formamos pessoas que concordam com tudo, mas sim gente que sabe colocar suas posições de forma assertiva"*

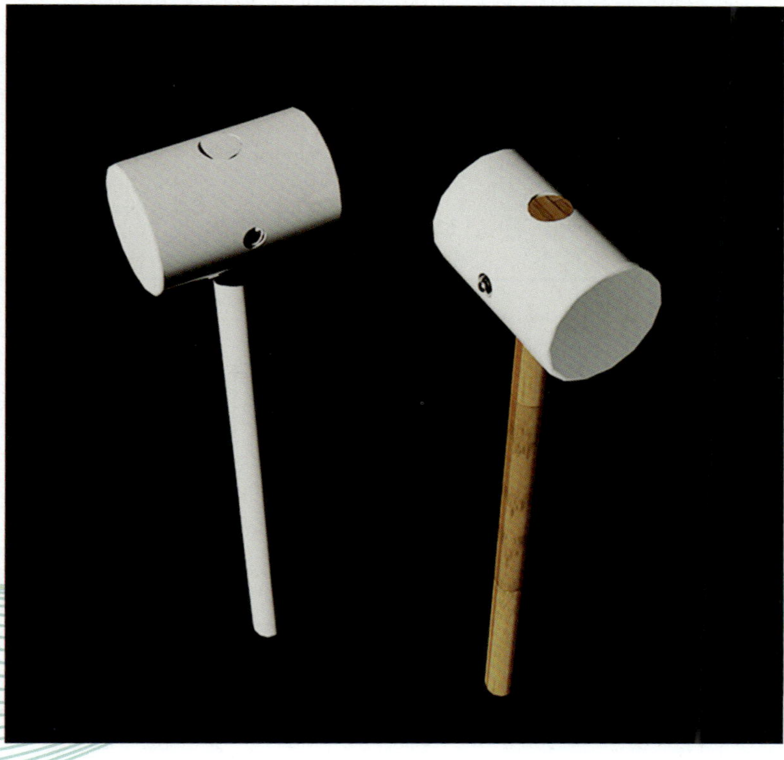

PROJETO DA MARRETA DE NYLON

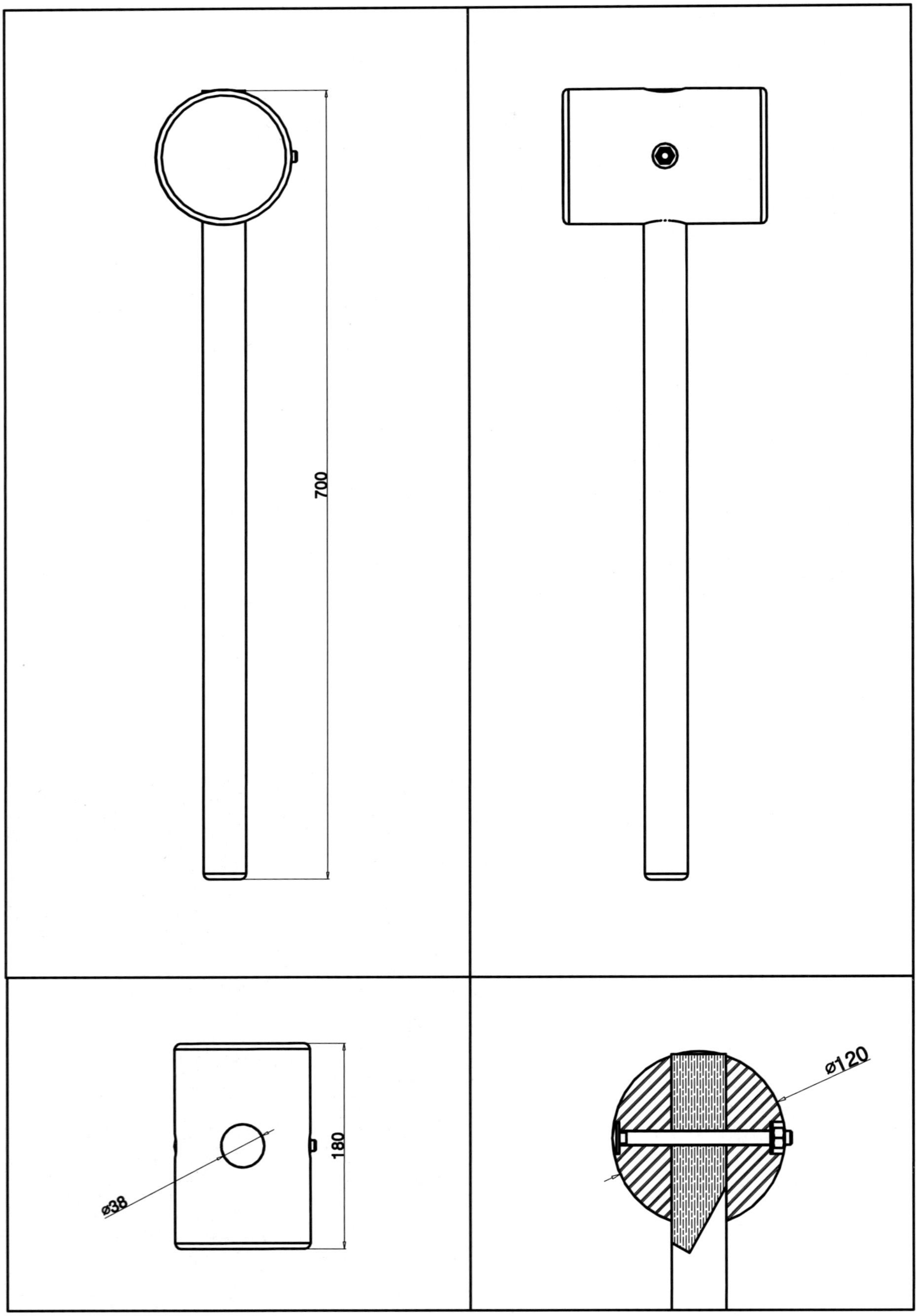

## CONFECÇÃO DE MARRETA PARA USO EM CAMPO

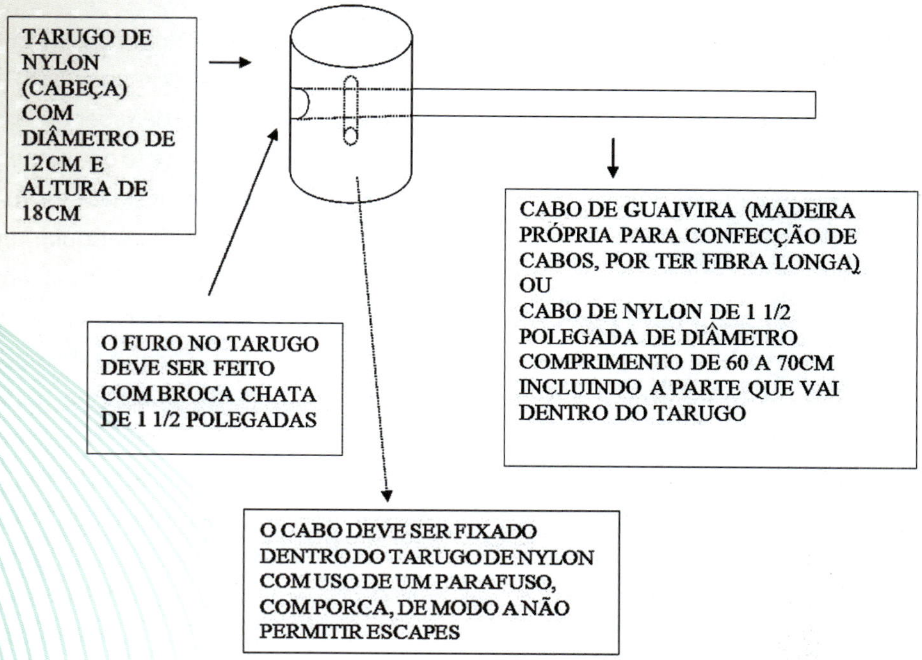

A marreta também pode ser feita com o tarugo de nylon da "cabeça" nas dimensões 110mm x 200mm

## MOTOSSERRA

## O USO DA MOTOSSERRA NO MOVIMENTO ESCOTEIRO

(por Jorge Kuma Sototuka)

A motosserra, por ser um instrumento muito ligado à idéia de devastação de florestas, poderia trazer imagem semelhante a seu usuário. Por isto, há cerca de um ano, apesar de saber que poderia ser muito útil, tive muita dúvida em adquiri-la para uso dentro do grupo escoteiro.

Uma certa dose de impetuosidade e um senso prático inerente de minha pessoa fez com que viesse a adquirir uma motosserra com aprovação e contribuição de todos os chefes. O tempo passou e mostrou que não poderíamos mais viver sem ela.

Um exemplo mais concreto foi no último acampamento dos escoteiros, escoteiras, seniores e guias: fomos ao interior paulista, num local excepcional, a não ser pela matéria prima para as pioneirias. Havia bambus à vontadade, porém, eram daqueles enormes, que nascem em touceiras, que chegam a ter 20 cm de diâmetro na base e 20 metros de altura. Se fossemos cortá-los com machadões, facões, iríamos certamente levar um dia inteiro. Quem já passou por uma situação dessas sabe que estaríamos exaustos e até certo ponto desanimados para trabalharmos com aquele material. Graças a motosserra para derrubar e seccionar os bambus gigantes, o acampamento ficou pronto em praticamente um dia de trabalho. Em mais meio período, possibilitou a construção de jangadas para uso no açude ao lado do acampamento.

Para o Fogo de Conselho que tradicionalmente realizamos na última noite de acampamento, conseguimos preparar o fogo rapidamente cortando um eucalipto seco e caído que estava próximo ao local. A montagem do fogo foi tão rápida e racional que tivemos tempo suficiente para jantar, prepararmos um roteiro e ensaiar.

Arriscaria até a dizer que este acampamento estaria fadado ao fracasso sem o uso da motosserra.

Poderia citar vários outros exemplos de quanto foi útil o equipamento neste espaço de tempo.

A conclusão que chego é que a motosserra auxiliou um trabalho que da mesma forma seria realizado, porém de forma bem menos cansativa. Consideraria como uma aquisição tecnológica, que nos faz ir mais longe, isto é, não ficamos o acampamento inteiro só cortando bambus. São passagens como estas que me fazem estar seguro da introdução de equipamento como a motosserra para um trabalho mais racional.

**(artigo originalmente publicado no jornal Avançar, da Região Escoteira de SP, em 1999)**

*Em primeiro plano uma motosserra a bateria, em segundo plano uma elétrica e ao fundo uma movida a gasolina*

**COMENTÁRIO ATUAL:**

Evidentemente há que se tomar todos os cuidados no manuseio, principalmente:

✓ Dimensionar bem a potência (deve ser a de menor potência)

✓ Ser usada somente por adultos

✓ Os modelos atuais elétricos e de bateria são excepcionais para uso no escotismo pela praticidade

## SAPATAS

Encontra-se facilmente disponível no comércio uma peça que se chama sapata. É um pedacinho de metal em formato de ferradura que se encaixa na corda com a finalidade de evitar danos à mesma. Existem sapatas para os mais diversos diâmetros de corda.

Olhando-se a foto é fácil compreender a diferença que pode fazer a sapata colocada no principal ponto de atrito, em nós usados como multiplicadores de força. Neste caso, a sapata foi colocada no "nó volta do enfardador".

No lugar da sapata é possível empregar-se também um mosquetão simples. A desvantagem é que o atrito é um pouco maior.

O atrito localizado pode causar a ruptura parcial ou total da corda

Aspecto da "fratura" com ruptura quase completa da corda no ponto de atrito ilustrado na foto anterior

# II. AMARRAS E NÓS

## AMARRA QUADRADA JAPONESA COM DUPLO CABO E MORDIDA COM BORRACHA

**MATERIAL**:

✓ DOIS BAMBUS

✓ UM PEDAÇO DE CORDA DE 4mm , de 5 metros

✓ UMA TIRA CIRCULAR DE CÂMARA DE AR DE CARRO, DE 2,5cm DE LARGURA X 60 - 70cm de diâmetro (a tira pode ser emendada)

O pedaço de corda é dobrada ao meio. Esta corda dobrada laça o bambu de trás. Emprega-se sempre as duas mãos. Confeccionamos a amarra quadrada em movimentos "espelho" (mão direita e esquerda).

Para fins estéticos, de ordem e para proporcionar maior área de contato da corda com o bambu, a corda dupla acompanha por fora a primeira passada no bambu de trás e acompanha por dentro no bambu da frente.

Encerra-se com nó direito, sem "morder".

Normalmente consegue-se 4 a 6 voltas de corda no bambu.

Com a borracha laçada na ponta do bambu, iniciamos a "mordida" da amarra. A borracha deve ficar sempre tensionada.

O estrangulamento se faz até quase acabar a borracha.

A amarra acaba com a borracha laçando novamente a extremidade do bambu (neste caso foi dado uma volta a mais no bambu para manter a tensão)

COMENTÁRIOS

Esta técnica de confecção de amarra quadrada tem as seguintes vantagens:

✓ Promove atrito entre os dois bambus de modo a impedir deslizamento.

✓ A solidez da amarra se mantém por período prolongado. Não afrouxa como ocorre quando se faz somente com sisal.

✓ O tempo de confecção da amarra com esta técnica é muito inferior ao da amarra tradicional.

✓ Fica mais firme do que com a técnica tradicional.

✓ Reciclamos materiais.

## Estabelecemos 5 metros como medida padrão do comprimento de cordas para amarras

**AMARRA DE ESTEIRA COM ELÁSTICO E MORDIDA COM CABO**

ILUSTRAMOS AQUI UMA PLATAFORMA PARA ACAMPAMENTO SUSPENSO

**MATERIAL**:

✓ DOIS PEDAÇOS DE CORDA DE 4MM

✓ TIRAS CIRCULARES DE CÂMARA DE AR DE CARRO, DE 2,5CM OU MAIS DE LARGURA, OBSERVADO QUE A TIRA IDEAL É RETIRADA DO PNEU NO SEU PERÍMETRO MAIOR

Neste caso estão sendo usadas duas argolas de borracha emendadas. Uma das extremidades é ancorada, com laçada simples na ponta da base e todo o elástico é estirado sobre as esteiras com moderada tensão.

A extremidade que está sendo tensionada é ancorada na outra extremidade da base.

A borracha é pressionada contra o bambu da esteira com passadas circulares simples do cabo.

COMENTÁRIOS

Esta técnica de fixação de esteiras tem as seguintes vantagens:

✓ É rápida

✓ Fixa bem, o suficiente para esteiras

✓ Reciclamos materiais

## NÓ EM OITO

O verdadeiro nó ESCOTEIRO deveria ser o Nó em Oito.
Ele é muito simples de ser feito e atende em todos os campos onde um nó seguro se faz necessário.
O nó que o escalador usa como primeira opção para prender a sua cadeira é o Nó em Oito. Neste caso ele é confeccionado com dupla passagem.

Devemos ter em mente que a emenda de dois cabos de material sintético não deve ser feita com o nó direito, pois existe possibilidade muito grande de o nó correr por causa do baixo atrito.

O Nó em Oito permite uma emenda segura de dois cabos de material sintético.

Ilustrando o uso como nó para laço.

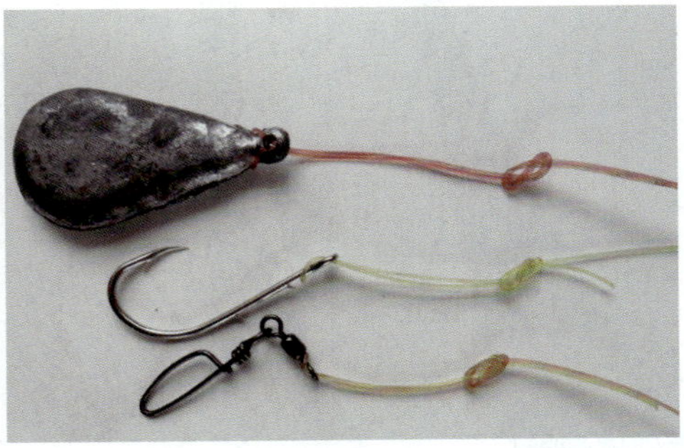

O nó sendo empregado para pescarias.

# III. BAMBUS

**TIPOS MAIS COMUNS**

1- Phylostachys Pubescens ou simplesmente Mossô (foto)

É o bambu que mais se adequa ao dia a dia dos escoteiros, por ser resistente, reto, livre de pelos, fácil extração e de diâmetro certo para nossas necessidades.
Nasce espalhado, não em touceiras.

2- Bambusa Vulgaris, "brasileiro" ou bambu imperial (Phyllostachys castillonis).
Externamente é bem decorativo, mas tem paredes finas, racha com facilidade, não oferece resistência longitudinal e não é reto.

*Bambusa Vulgaris ou "brasileiro" ou bambu imperial*

3- Dendrocalamus Giganteus ou "gigante"
Atingem proporções de até 25cm de diâmetro e 30 metros de altura. Para nós é de muito difícil manejo. Bom para usar em estruturas maiores.

*Bambusa Vulgaris ou "brasileiro" ou bambu imperial*

4- Outros. São catalogadas mais de 1000 espécies de bambu. Encontramos com certa facilidade bambus que nascem em touceiras, que normalmente são frágeis e tortos e outros muito galhados, que não são adequados ao nosso uso.

## ASPECTO LEGAL

O bambu é uma gramínea. Não é árvore.

O decreto federal de 5.975 de 2006 dispensa de documento o transporte e armazenamento de bambu, diferentemente do que é exigido para madeiras de outras espécies:

### Decreto federal de 5.975 de 2006

Art. 23. Ficam dispensados da obrigação prevista no art. 20, quanto ao uso do documento para o transporte e armazenamento, os seguintes produtos e subprodutos florestais de origem
nativa:

[...]

VII - bambu (Bambusa vulgaris) e espécies afins;

De acordo com o IBAMA, não precisamos de autorização para o corte de bambu, apenas fica proibido o corte quando:
O bambu estiver dentro da área de mata ciliar ou Área de Proteção Permanente (APP), estiver em ecossistema ou Unidade de Conservação (UC) protegido por lei específica.

No estado de São Paulo não é necessária nenhuma autorização para cortar bambu. Mas cada estado tem suas regras.

*Dendrocalamus Giganteus ou "gigante"*

## QUANDO EFETUAR O CORTE

Devemos selecionar os maduros, longos, de tom verde mais escuro, por apresentarem maior resistência. O fato de se cortar na lua minguante por ter menos água, já não faz diferença ao longo de alguns dias após o corte, pois ele vai secando naturalmente. Cortar no inverno, por ter menos amido, também não faz muita diferença se o bambu for maduro.
Concluindo, podemos cortar sempre que necessário, independente da lua ou estação do ano.

## COMO CORTAR

✓ Não faça do bambu uma arma!

O corte transversal dos bambus deve ser realizado exclusivamente com serrotes, para evitar acidentes com as pontas, mau acabamento e rachaduras longitudinais.

## DICAS

## CORTANDO OS GALHOS

Para se retirar os galhos, a melhor prática é fazer um entalhe, com serrote, na base do galho até o nível do tronco principal e depois simplesmente quebrar, puxando para trás. Esta técnica impede que o bambu fique descascado, deixando um bom acabamento.

*"Para bons entendedores pode ser enfadonho repetir sobre as atividades escoteiras, mas vale a pena citar onde o desenvolvimento do autocontrole está presente no Movimento Escoteiro (ME). Na mais comum das atividades escoteiras, os jogos, o autocontrole é exigido para se estar dentro das regras. Quando o jogo é por Patrulhas (grupos de 6 a 8 jovens) cada um tem um papel a cumprir, necessário para que a Patrulha tenha bom desempenho, de modo que um jovem não pode executar aquilo que lhe convier"*

Aspecto do bambu, que fica descascado, com utilização do facão para retirar o galho

***SEGURANÇA***

✓ Quem está cortando o galho do bambu deve permanecer sempre atrás do tronco.

## ARMAZENAGEM

✓ Deve permanecer sempre ao abrigo do sol e chuva e principalmente sem contato com o solo. Quando exposto diretamente ao meio ambiente, o bambu racha muito precocemente. O bambu (ou madeira) que fica em contato com o solo tem maior exposição à umidade e ação de fungos, brocas, cupins, bactérias, que causam rápida degradação do material.

## CONSERVAÇÃO

O fundamento da conservação é tornar o bambu "intragável" para os microrganismos e afins. Existem vários métodos:

1. FOGO. É muito comum ver os chefes colocando os bambus sob efeito do calor até dourar e soltar um "oleozinho" na superfície. Este método retira uma parte do amido, mas a celulose, que é o alimento das brocas e cupins ainda permanece, e por isso aparentemente apenas adia um pouco a ação desses organismos.
2. VENENOS. Por exemplo: cupinicidas, dicromato de sódio e outros. É desaconselhável, pois os jovens tem contato direto com as substâncias tóxicas.
3. COZIMENTO OU IMERSÃO PROLONGADA NA ÁGUA. Também promovem alguma desnaturação do amido, mas tem o mesmo problema de quando tratado com o fogo.
4. IMERSÃO PROLONGADA DO BAMBU SECO EM SOLUÇÃO BEM DILUÍDA DE VERNIZ . Parece ser um método duradouro e seguro. Evidentemente deve-se secar o bambu antes do "banho". Diluição de 1 parte de verniz para 25 de solvente.
5. IMERSÃO PROLONGADA DO BAMBU VERDE EM ÁGUA DE CAL. É um método barato, descrito em publicações, mas não há referência quanto aos resultados.

Na prática diária, o grande problema é que o custo de tentar conservar o bambu - com alguma das técnicas acima e o tempo que se dispende para fazê-lo - é muito próximo ou maior do que adquirir um novo lote do bambu.

## IV. PIONEIRIAS

# A boa mesa de campo depende em muito de suas medidas!

**MESA E TOLDO**

| | CENTÍMETROS |
|---|---|
| ALTURA DO TAMPO DA MESA | ENTRE 70 E 75 |
| ALTURA DO BANCO | 45 |
| DISTÂNCIA ENTRE BANCO E TAMPO DA MESA (é medida olhando-se de cima) | 10 |
| ALTURA CENTRAL DO TOLDO | 210 |
| ALTURA LATERAL DO TOLDO | 170 |

✓ O banco de cada lado deve ser de duplo bambu (ou eucalipto).

✓ O comprimento da mesa deve ser de pelo menos 2,50m. Cálculo: cada jovem ocupa 50cm; multiplicando por 4, que é a metade da Patrulha, isto resulta em 2m. Somam-se 50cm para colocar o fogareiro ou a caixa de Patrulha.

**Fazer pioneirias é essencial!**

## ACAMPAMENTO SUSPENSO MODELO Bamboo Camp

## SEQUÊNCIA DE MONTAGEM:

1-TRIPÉS

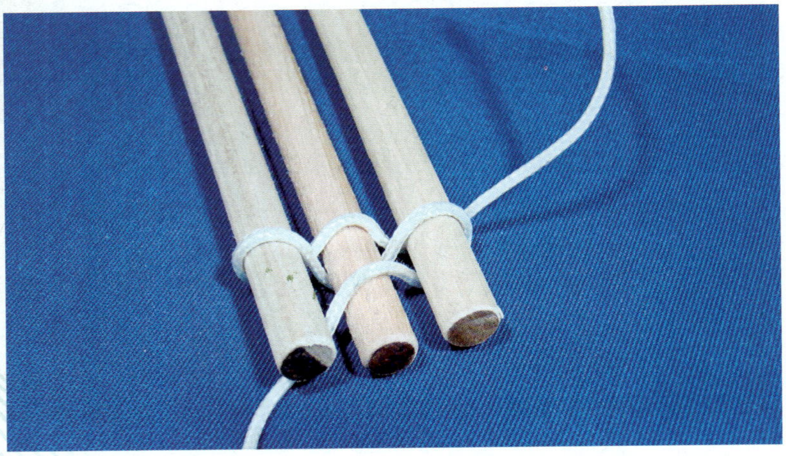

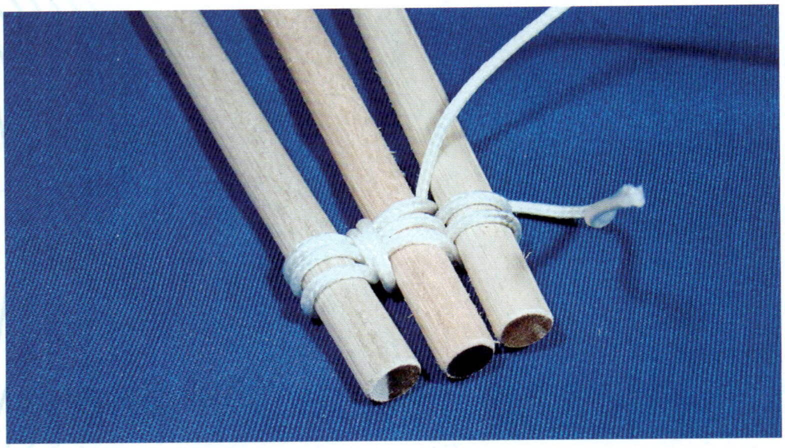

✓ Construir 4 TRIPÉS (amarra de tripé), com bambus de 3,5m e diâmetro médio de 8cm

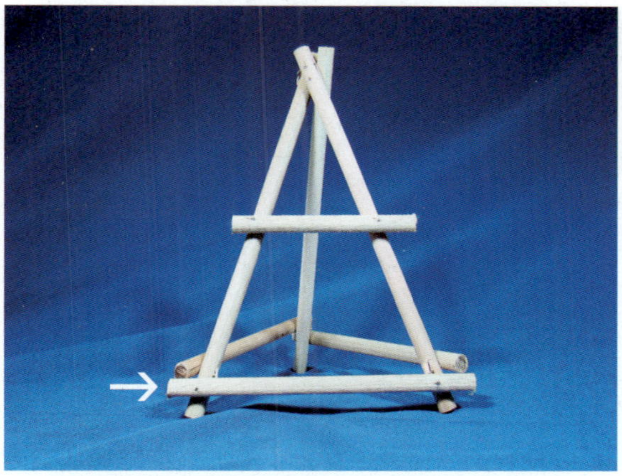

✓ Instalar a trave da base do tripé (amarra quadrada com duplo cabo e dupla ponta, mordida só com elástico) nas 3 faces (vide seta). Esta trave tem 2,5m.

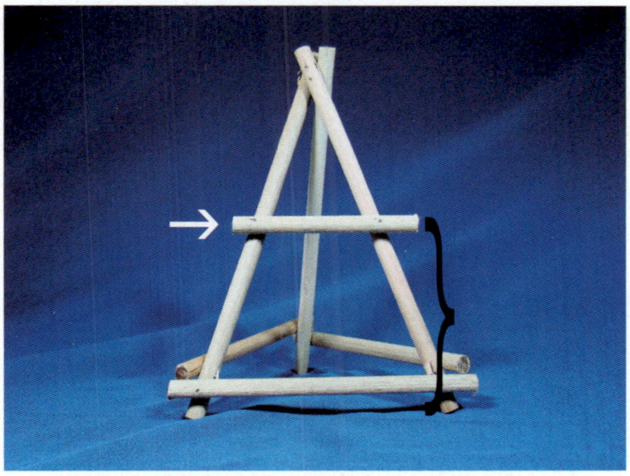

✓ Instalar a trave superior, em uma das faces do tripé, onde a trave principal da esteira suspensa vai se apoiar. A superfície de cima da trave fica a 1,90m do solo (seta). Esta trave tem 1,2m.

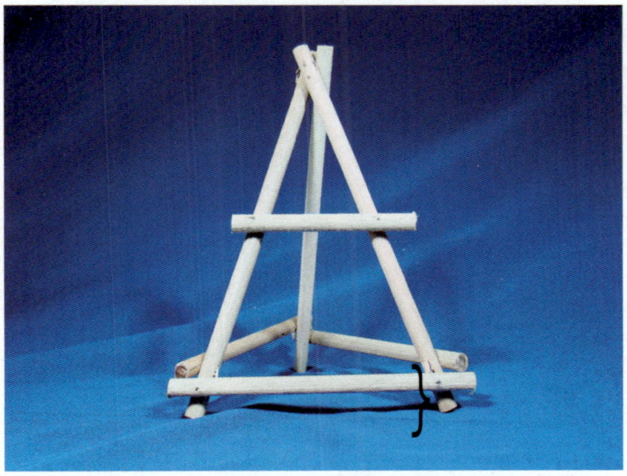

✓ Opcionalmente em dois dos tripés a trave inferior pode ser instalada a cerca de 35cm do solo para que já seja utilizada como suporte dos bancos da mesa.

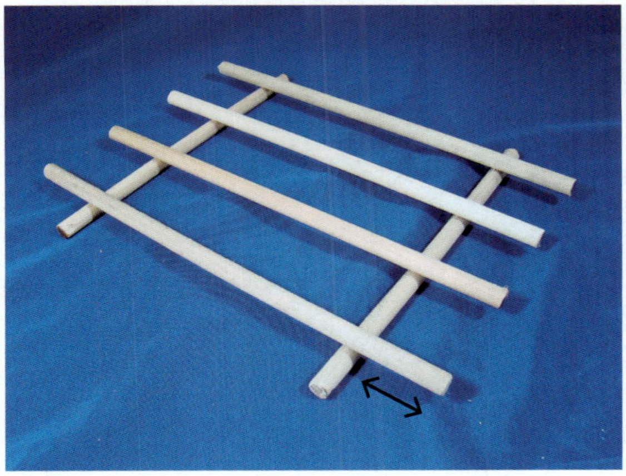

PLATAFORMA

Inicia-se construindo o esqueleto. A trave inferior tem 4m e as 4 de cima tem 5m. A trave inferior fica a 0,75m da extremidade da trave de cima.

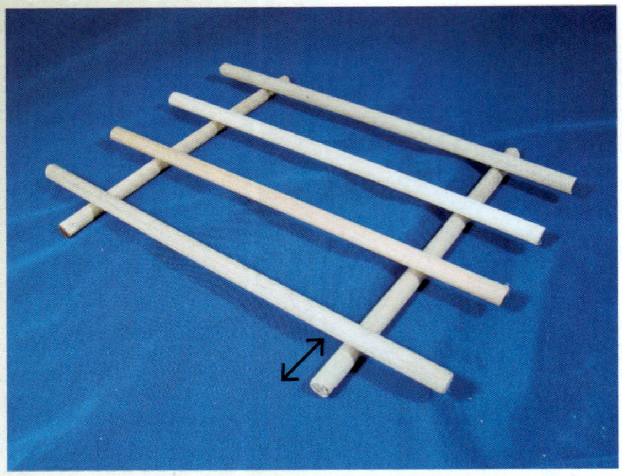

A trave de cima fica a 45cm da extremidade da trave de baixo. As traves superiores se equidistam mais ou menos 1m uma da outra.

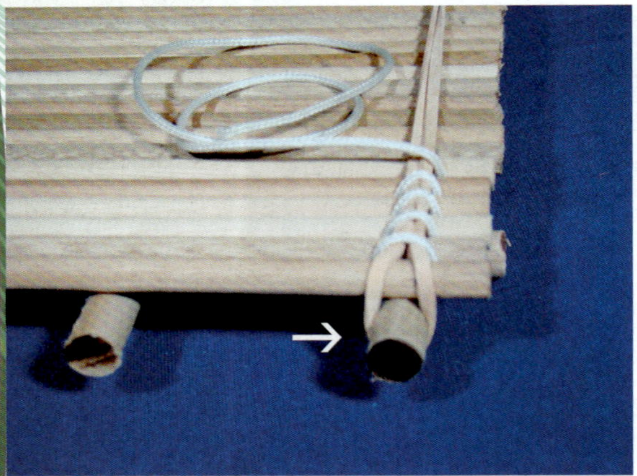

✓ Os bambus de 3,5m vão recobrir toda plataforma e serão fixados com amarra de esteira.

✓ Esteira da plataforma fixada com amarra de esteira.

ENCAIXE DA PLATAFORMA NO TRIPÉ

Os 4 tripés são dispostos em um quadrado com a face da trave superior voltada para o dentro. Com a ajuda de mais duas Patrulhas ergue-se a base em monobloco e encaixa-se nos tripés, apoiando-a sobre as traves superiores.

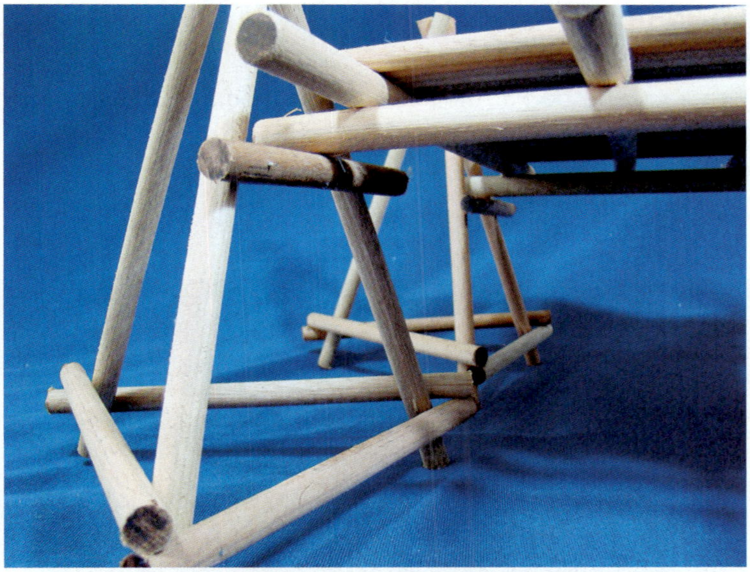

Detalhe do apoio da trave principal da plataforma sobre a trave do tripé.

Vista superior da plataforma apoiada nos tripés.

ACABAMENTO

- ✓ A plataforma é amarrada no tripé.
- ✓ Colocam-se os guarda-corpos.
- ✓ Forra-se a esteira com uma lona, para depois montar duas barracas pequenas de 3 pessoas ou uma única para 6 pessoas.
- ✓ Opcionalmente pode-se colocar um mastro de bandeira, com 4m de altura máxima.

**COZINHA**

Fica a critério da Patrulha escolher o modelo de cozinha a ser montado na parte inferior do Acampamento Suspenso. A mais prática é utilizando dois dos tripés.
Deve seguir o Protocolo de Conforto.

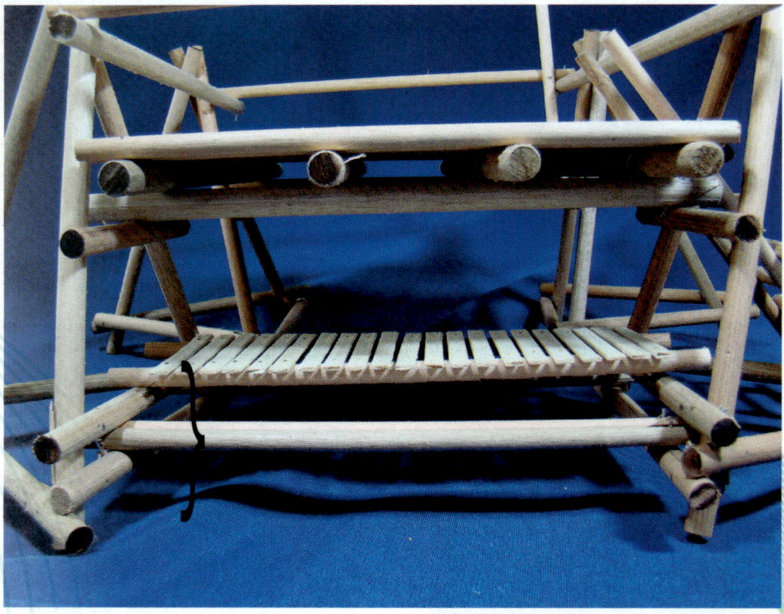

**VANTAGEM**

✓ É de fácil e rápida montagem, devendo ser seguida exatamente a sequência aqui apresentada.

SEGURANÇA

✓ A maior preocupação fica por conta do material inflamável, que é a lona do piso e a barraca. Fica proibida a permanência de pessoas dentro da barraca enquanto se cozinha embaixo. A troca e/ou manipulação do bujão de gás deve ser realizada ao ar livre, fora da área coberta.

✓ Nas proporções determinadas, a permanência de 6 pessoas não oferece perigo de desabamento. Já foi testada com mais pessoas pulando em cima dela.

✓ Apesar da altura de apenas 2,20m, a queda dessa altura já pode causar fraturas; portanto TODOS têm a responsabilidade de agir com bom senso uma vez em cima da parte suspensa. É necessário instalar o guardacorpo como no projeto.

ACAMPAMENTO SUSPENSO - PERSPECTIVA

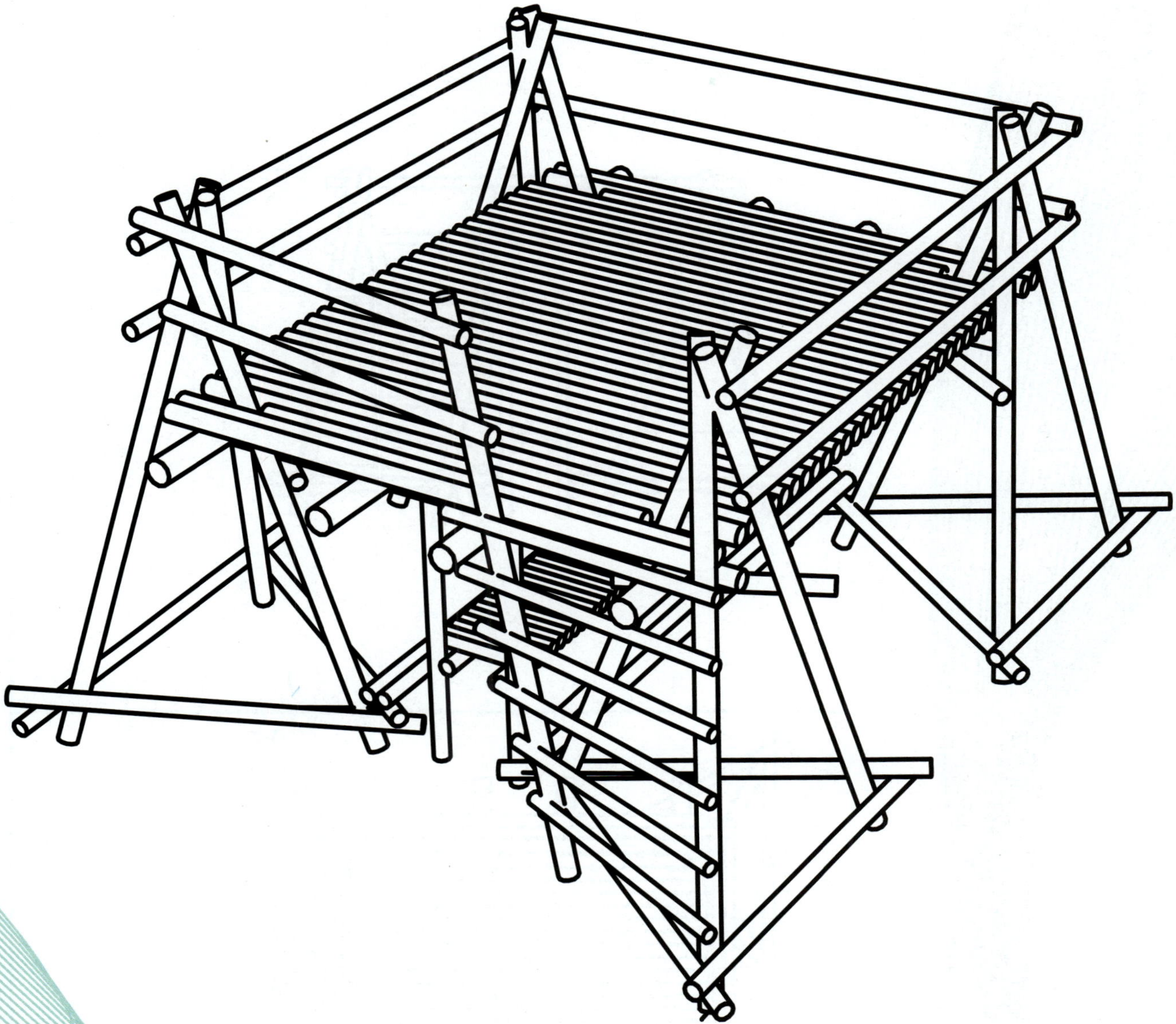

**As melhores pioneirias são aquelas feitas com o envolvimento de toda a patrulha**

## ACAMPAMENTO SUSPENSO - VISTAS

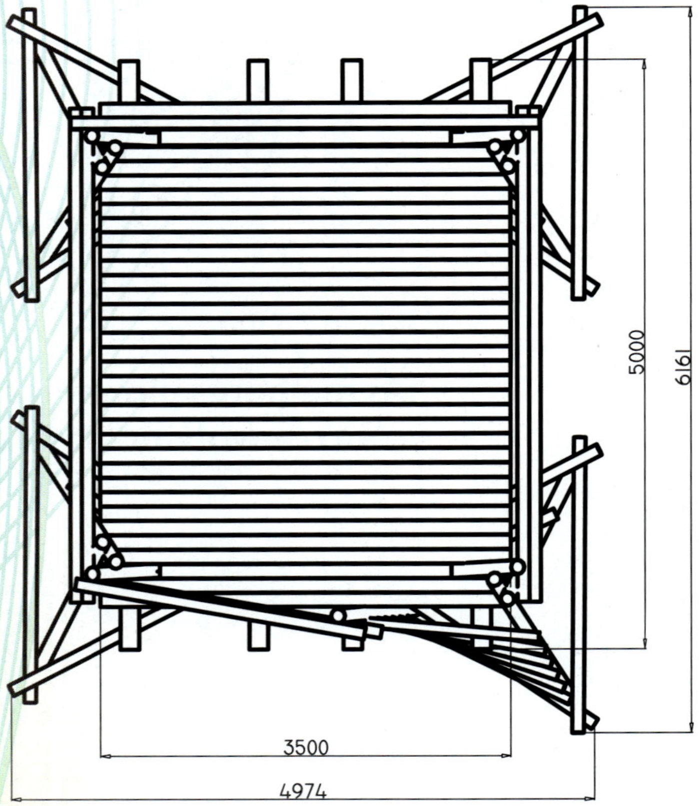

OUTRA OPÇÃO DE MONTAGEM

**No acampamento a boa pioneiria dita a qualidade de vida**

**MESA DE ESTACA**

É uma proposta interessante, pois é muito firme e pode servir de "núcleo" para expansão, oferecendo outras possibilidades, acrescentando-se por exemplo o encosto e o toldo.

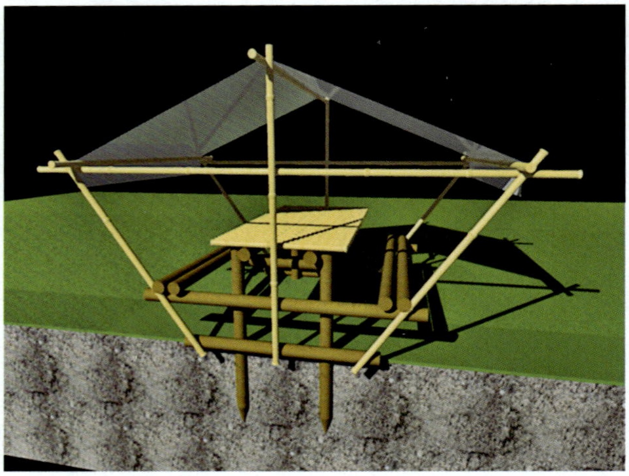

IMPORTANTE

✓ As quatro colunas principais devem ser estaqueadas a uma profundidade de 60cm, para evitar que haja movimentação do banco em lado oposto que uma pessoa está sentada (efeito balanço)

✓ As estacas devem ter pelo menos 10cm a mais ao se iniciar a fixação no solo, porque a ponta onde a marreta tem contato, fica deformada e precisa ser cortada fora. Vale a pena também fazer uma falcaça para que a deformidade seja menor.

**Pioneiria é uma atividade desafiadora e motivadora. É um termômetro para aferir como vai a patrulha**

## O projeto

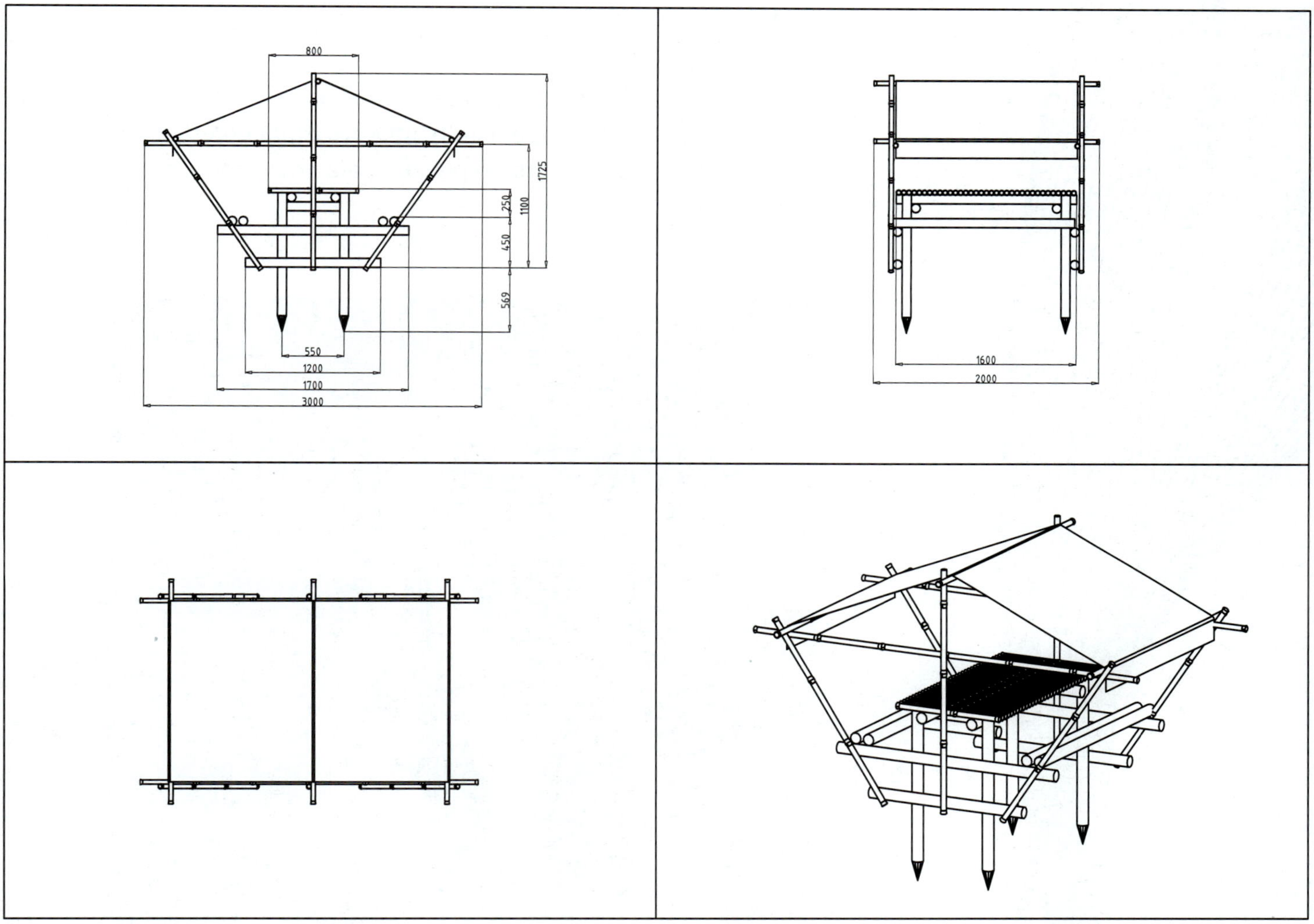

**MESA TOLDO "A"**

É projeto realizado pela maioria das patrulhas pela simplicidade na execução, mas não é perfeita porque necessita de estirantes e requer um maior número de pessoas para apoio enquanto se fazem as amarras.

PONTE COM ACESSO EM RAMPA

**Em dias de chuva, é tudo de bom ficar sob um belo toldo cozinhando, conversando...**

**PONTE COM DUPLO TRIPÉ**

## MESA TOLDO COM TRIPÉS

Eu particularmente tenho grande preferência na construção deste modelo ao invés da mesa toldo com trave em A pelas seguintes razões:

✓ Permite participação ativa de toda a Patrulha. Na mesa toldo com trave em A, a patrulha permanece a maior parte do tempo apenas equilibrando a estrutura enquanto poucos efetivamente fazem as amarras.

✓ Não necessita de estirantes, que ocupam uma parte da área útil do campo.

✓ Há um considerável ganho de área para guarda de equipamento de cozinha ao se complementar com prateleiras o espaço compreendido dentro dos tripés.

✓ Este modelo é nitidamente mais sólido e esteticamente bem melhor.

*Autor da maquete: Claudio Calixto de Oliveira*

**Mesa com Tripé Duplo**

**Fazer pioneirias é um dos momentos inesquecíveis na vida escoteira!**

## PONTE MASTRO COM SAÍDA À BOMBEIRO

## PONTE PÊNSIL

**PORTAL 5A**

**PORTAL 5A COM PAINEL I**

**PORTAL 5A COM PAINEL II**

**PORTAL EM TRELIÇA**

## PORTAL EM ESTRELAS OPOSTAS

## PORTAL PINGO D'ÁGUA

## PORTAL TÚNEL DO TEMPO

**PORTAL EM TÚNEL DO TEMPO APOIADO EM PIRÂMIDE**

**PORTAL GILWELL PARK**

Construída por ocasião do Jamboree Mundial em 2007

Detalhe construtivo de um projeto de 4 mastros

**PORTAL TORII**

**PORTAL VOO**

*Portal Voo*

**PORTAL VOO 2**

**TORRE DE 2 COLUNAS**

## TORRE DE COLUNAS 4X1

*Detalhe visto por cima*

**TORRE QUADRIPÉ COM ACESSO EM RAMPA**

*Detalhe visto por cima*

# V. PIONEIRIAS ESPECIAIS

## TORRE KUMA

**É POSSÍVEL CONSTRUIR ESTA TORRE EM POUCOS MINUTOS!!!**

### DETALHAMENTO

1. Confeccionar as quatro faces, o piso superior e a escada. O ideal é ter seis equipes de trabalho, cada uma confeccionando uma das seis partes.

2. As quatro faces formam dois pares e cada par (frente a frente) é idêntico, de modo que as pontas do "x" e as pontas das transversais, não coincidam na hora de arrematar a torre.

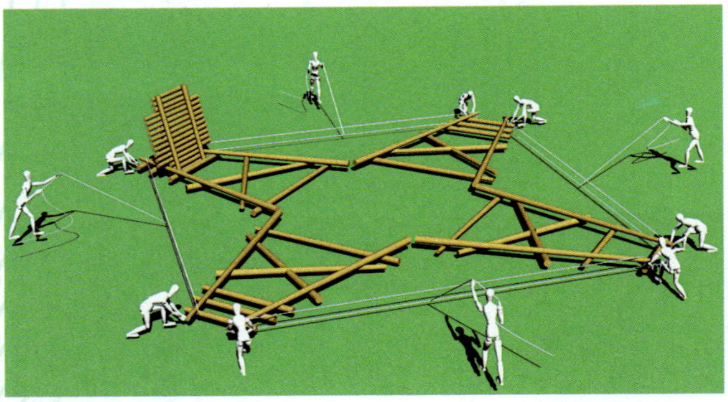

3. Para que as estruturas das faces opostas sejam idênticas, há necessidade de se ter um gabarito.

### ERGUENDO A TORRE

4. As quatro faces, idênticas frente a frente, devem ser erguidas por cada uma das equipes e ao mesmo tempo, fechando um laço, colocado na ponta superior de cada uma das faces contiguas. O piso superior já sobe parcialmente amarrado em uma das traves superiores (face 2), virado para cima, de modo a "baixar a ponte" sobre a trave superior oposta.

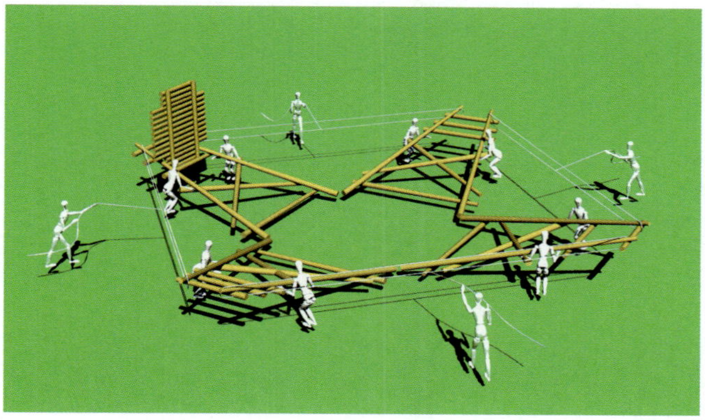

5. Ergue-se simultaneamente e progressivamente todas as faces

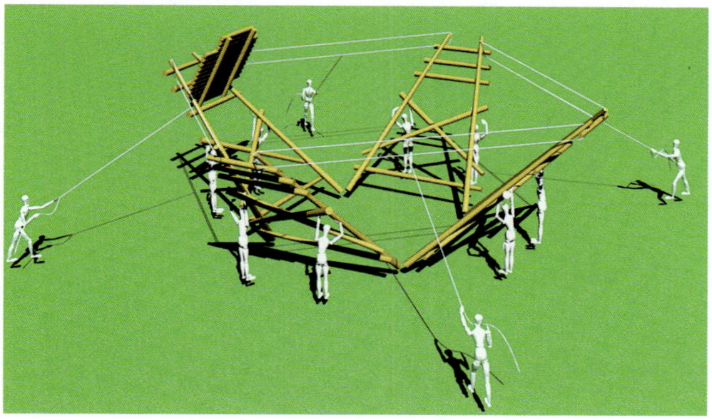

6. A parte superior vai se aproximando do centro

7. Nesta fase o laço já garante a aproximação da parte superior, mas, deve ser lenta de modo a apoiar a base na segunda trave da frente

8. Fechado o laço e mantendo a corda do laço tensionada, encosta-se a escada e faz-se as amarras complementares, ou seja, dos dois pés da base que ficam encostados e das pontas que foram unidas pelo laço.

## DIMENSÕES SUGERIDAS

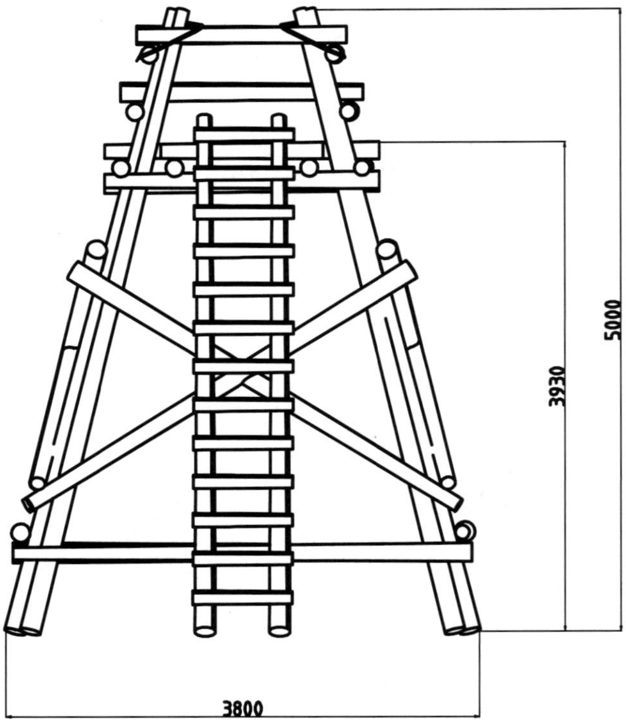


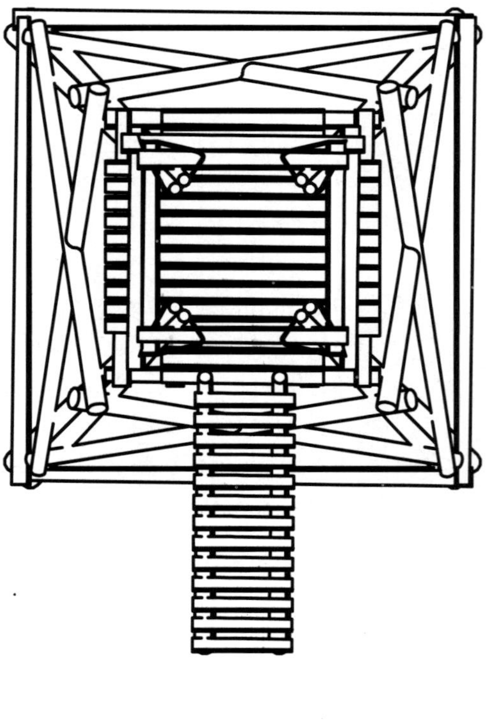

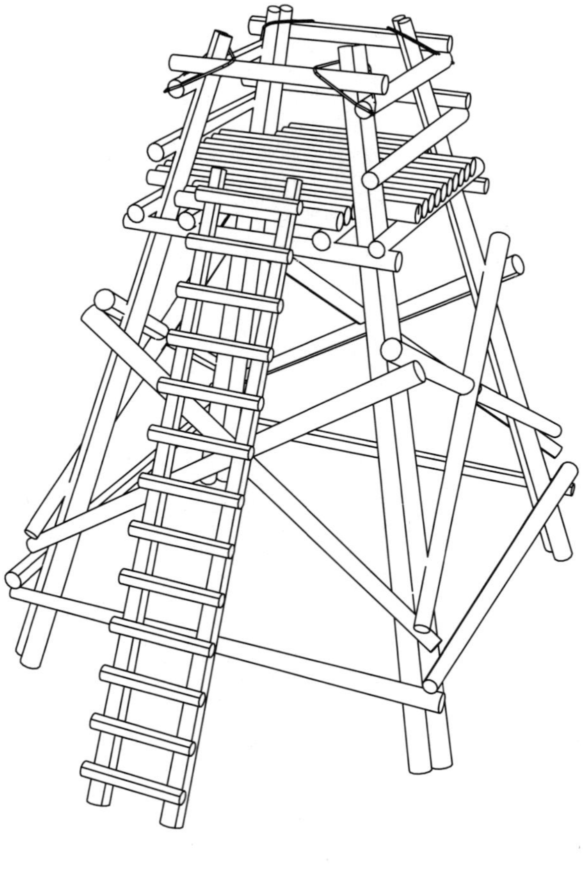

**DICAS**

1. A garantia de que a angulação das laterais seja idêntica, é fazer com que a distância entre os pontos **AD** seja igual a **BC**

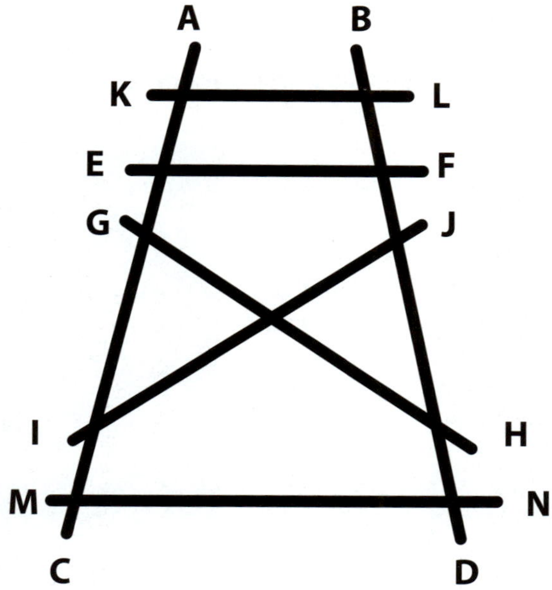


2. As faces opostas são idênticas
3. Todas as amarras das traves transversais e do "X" de uma face e sua correspondente oposta ficam cerca de 10cm abaixo (ou acima), em relação à face do lado.

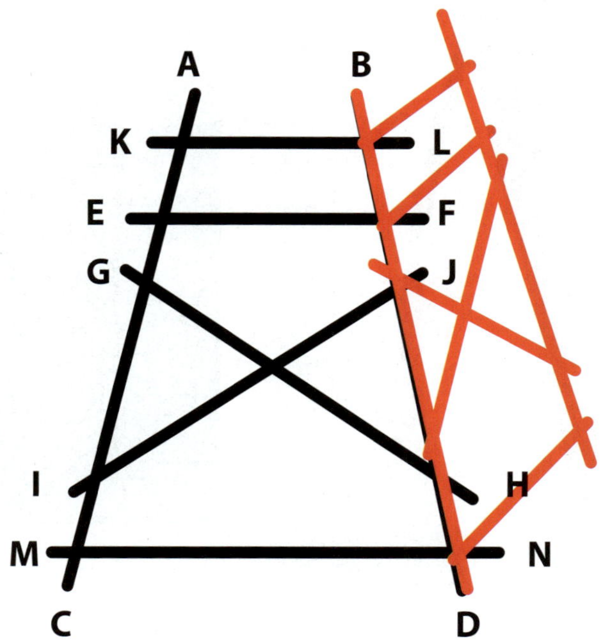

## TORRE HEXAGONAL COM ACESSO EM RAMPA

Foi construída no Parque Ibirapuera em 1993 na comemoração dos 85 anos da Imigração japonesa no Brasil. A complexidade da construção deste modelo de torre se deve ao fato de ser hexagonal e na necessidade de colocação correta das traves de apoio das rampas. A confecção prévia de uma maquete auxiliou muito a construção.

## TORRE HEXAGONAL MÚLTIPLO USO

Originalmente esta torre foi construida com eucaliptos tratados, com diâmetro de aproximadamente 25cm na base e 14cm na parte de cima. Para fixação de toda estrutura foram empregados parafusos galvanizados de 20mm de diâmetro. Por se tratar de estrutura muito pesada, foi necessário amplo esquema de ancoragem e multiplicadores de força (moitões e talhas).

Chamamos de múltiplo uso por ser possível empregar como base de tirolesa, fixação para parede de escalada, exercícios de cordas, segurança, palco para exposição, base de jogos, etc..

Para maior segurança e estabilidade, foram usados dois parafusos em todas traves horizontais. Todas as faces foram travadas com "X" ou equivalente. A plataforma em hexágono também é travada com "triângulos" em cada vértice, evitando dessa forma o colabamento para o centro.

## PIRÂMIDE

Este projeto é uma proposta para diversão coletiva bastante atrativa.

A construção baseia-se em uma pirâmide de 4 faces com arestas de 6m, feita de eucalipto e ou bambu. Os degraus ficam a cerca de 40cm/50cm um do outro e são colocadas "colunas" a cada dois degraus. No centro, na vertical, existe uma barra metálica (cano galvanizado de 2 1/2 polegadas) como "saída de bombeiro".

A própria construção é divertida por exigir um sem número de amarras quadradas.

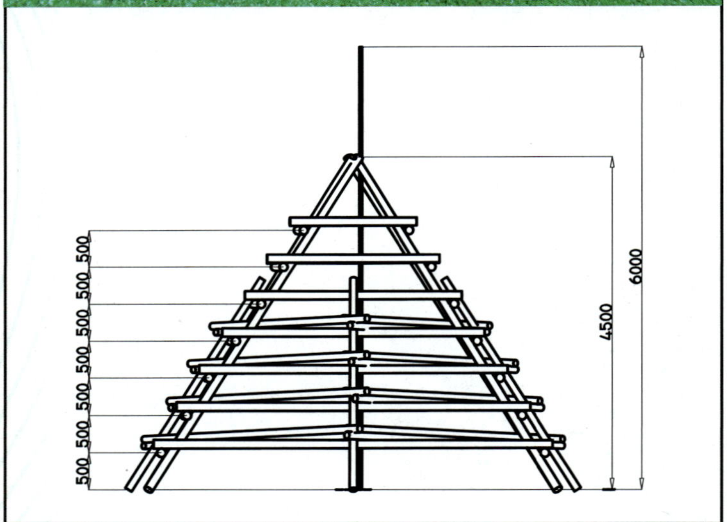


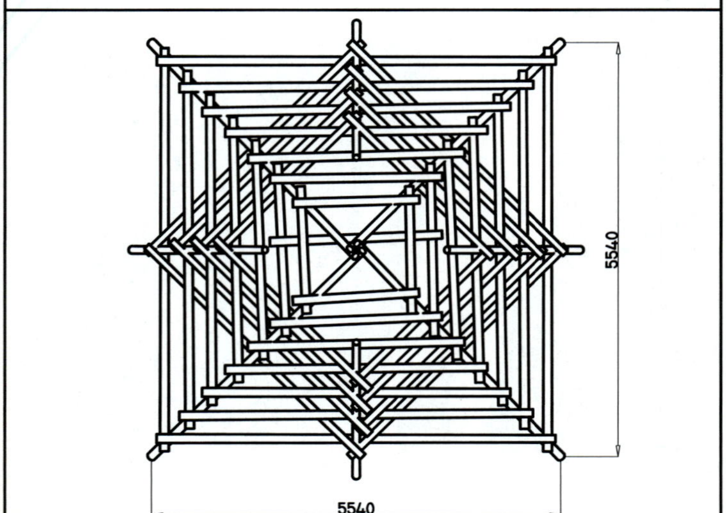

## ARVORISMO SEGURO

Opção muito divertida e desafiadora para crianças.
A ideia é fazer a mesma trilha de arvorismo a uma altura próxima ao solo.
Temos duas opções:

✓ Com cabos de aço
✓ Em estruturas fixas, onde não existe possibilidade de ancoragem de cabos.

Obstáculos mais comuns:

✓ Barra longitudinal (pode ser uma longa; pode ser uma sequência de curtas; pode ser uma sequência de comprimentos alternados; ou pendurada em apenas uma das laterais, ficando como uma falsa baiana)
✓ Barra transversal (normalmente uma sequência de transversais)
✓ Barra oblíqua (pode ser única ou alternando a direção em sequência)
✓ Zig zag de troncos
✓ Alça de corda (normalmente uma sequência)
✓ Pneus (podem ser pendurados por dois pontos laterais de modo a deixá-los na vertical ou na horizontal; ou pendurados por 4 pontos de modo a deixar estabilizado o pneu)
✓ Tocos de tronco pendurados no centro (fica bom se a corda que pendura for passada através de um buraco no toco)
✓ Prancha de madeira
✓ Esteira
✓ Rede
✓ Corda
✓ Túnel de tambor (es)

## VANTAGENS DO ARVORISMO SEGURO

✓ Permite a passagem simultânea de muitas crianças
✓ A monitorização de segurança é destinada apenas aos menores e é possível de se realizar ao nível do solo.

A corda que sustenta os obstáculos no cabo de aço podem ser fixados com grampos

## DISCOS DE MADEIRA

Projeto em que os obstáculos são suspensos em traves fixas de tripés ou quadripés.

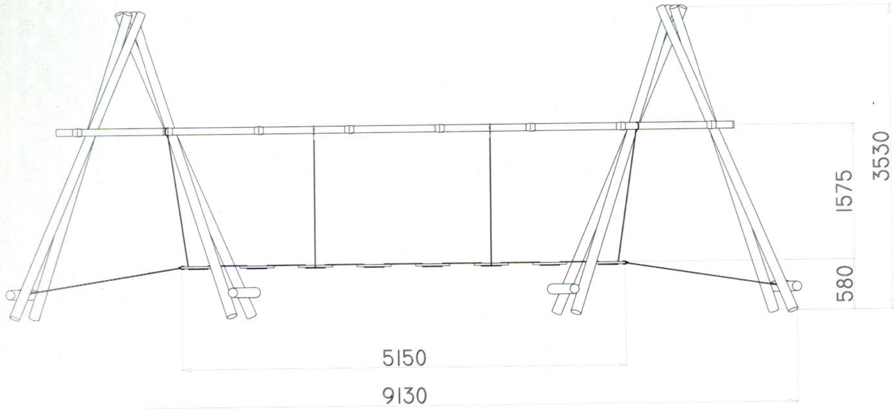


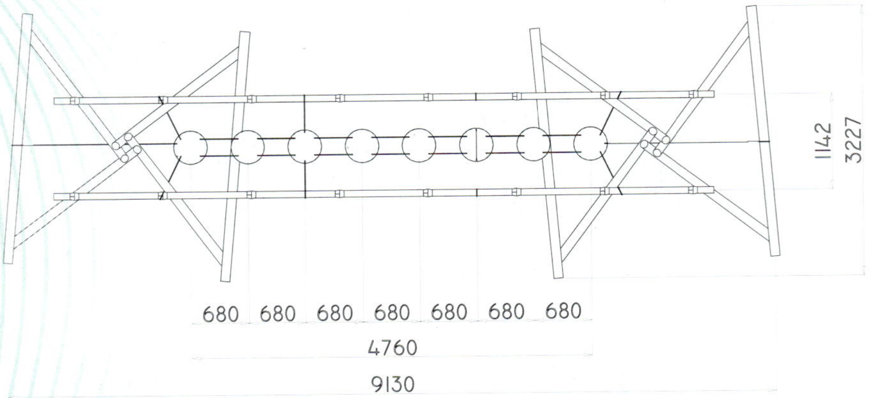


## REDE NA VERTICAL

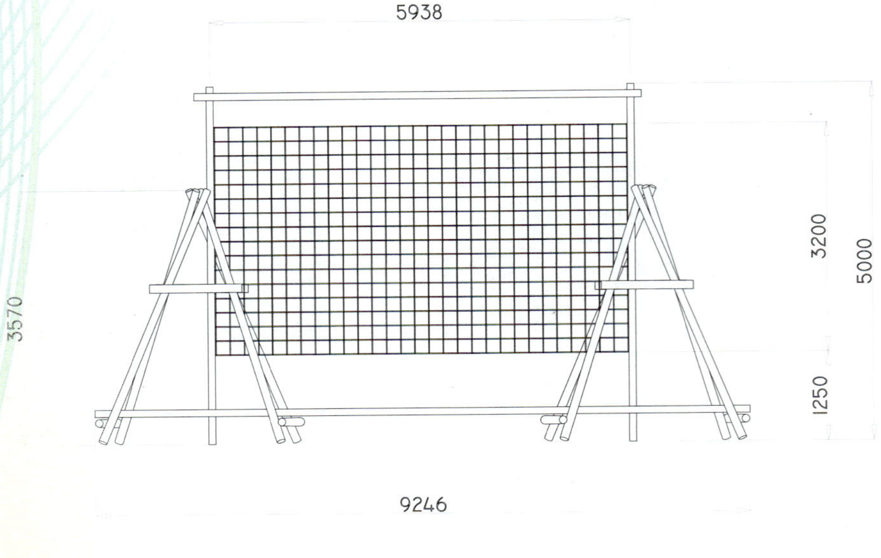

## OBSTÁCULOS MAIS COMUNS

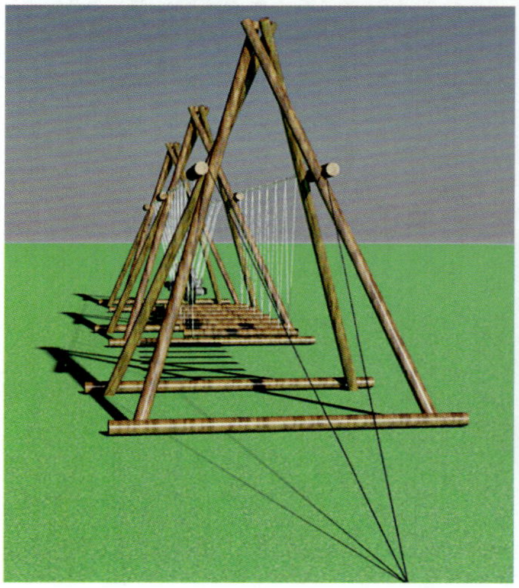

Traves horizontais fixas em estruturas, neste caso em "box truss", que permitiram a construção de uma pequena plataforma com escada

# VI. COBERTURAS

## TOLDOS

PROBLEMA MAIS COMUM
Rompimento

PREVENÇÃO

✓ Distribuir a tração do estirante com a lona em vários pontos. Quanto maior a lona, maior a quantidade de estirantes deve haver, distribuídos o mais uniformemente possível.

✓ Uma boa forma de deixar a lona mais "retinha" sem tensionar exageradamente é apoiá-la sobre a mesma corda do estirante e prendê-la com uma alça e um pedaço de madeira, passando através do ilhós. (Fig. 1, Fig. 2 e Fig. 3) O estirante único cruza diagonalmente a lona.

Fig.1

Fig.2

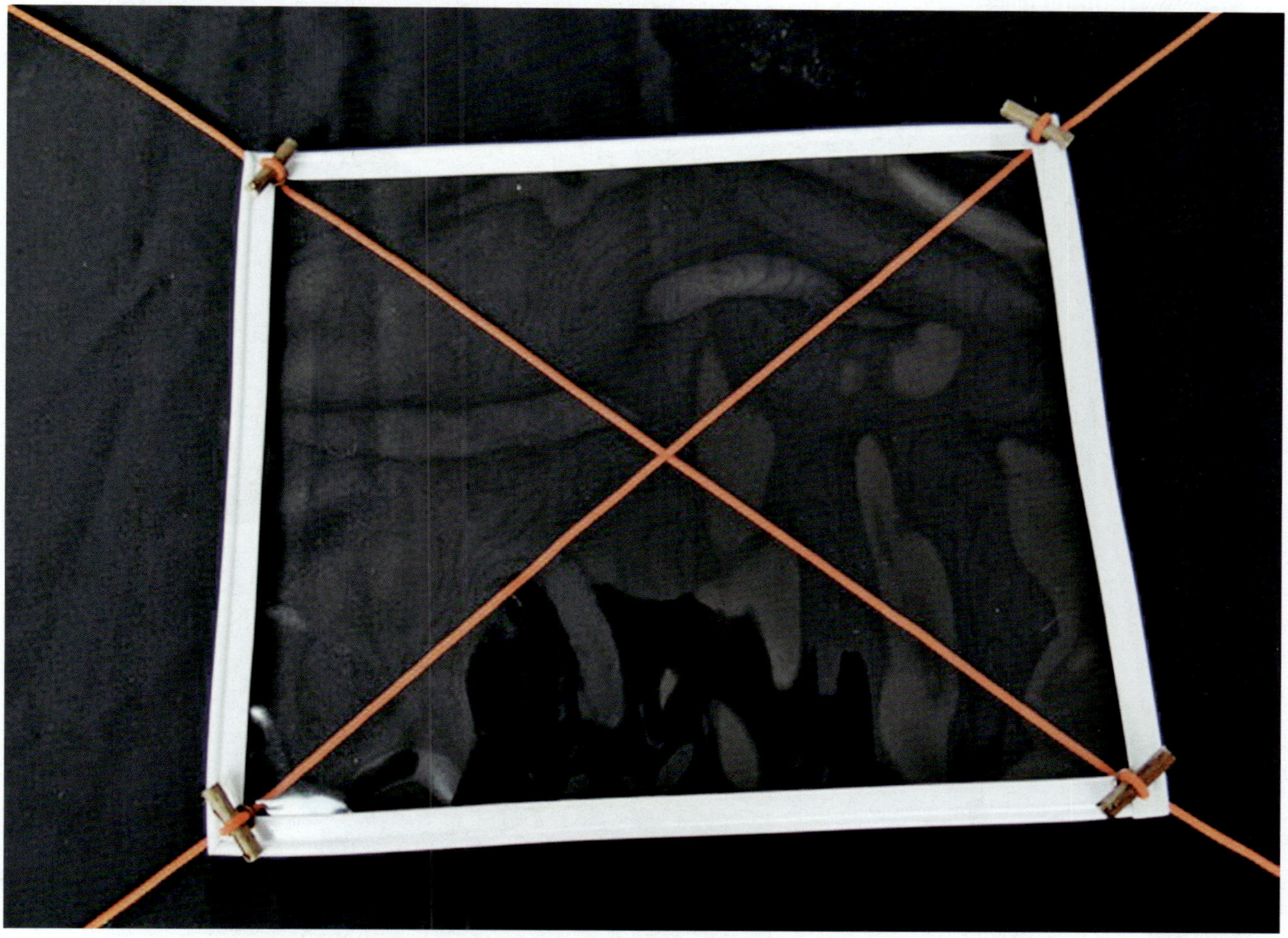

Fig. 3 Ilustração do aspecto final de toldo assentado sobre o estirante, "travado" através dos ilhoses

## SOLUÇÕES QUANDO JÁ HOUVE RUPTURA DA LONA

1 - A primeira opção é analisar a possibilidade de colocar novo ilhós (como foi ilustrado no "toldo maleável")

2 - Utilizar clip perfurante, em plástico. É encontrado em algumas lojas especializadas.

3 - *Clips* diversos. A maioria é encontrada somente como produto importado. A desvantagem é o seu custo elevado.

4 - SOLUÇÕES PRÁTICAS

4.1- "Boneco"

Coloca-se qualquer objeto pequeno por dentro da lona, como uma pedrinha ou uma bolinha de gude e enforca-se com uma corda. A desvantagem é sua estética sofrível.

## 4.2- TAMPINHAS

Como é possível ver na foto, corta-se o frasco plástico próximo à tampa, deixando uma bordinha de cerca de 1cm. De preferência faz-se este corte com auxílio de um pirógrafo. Deixa-se um ou mais furos na tampa para passagem da corda.
Rosqueia-se a tampa em torno da garrafa com uma parte da lona no meio.

**TOLDO MALEÁVEL**

*Esta proposta permite a confecção de inúmeros projetos com diferentes tipos de materiais, formatos e dimensões. Apresentamos aqui o projeto básico com os materiais e dicas.*

*A ideia básica é tensionar a lona usando uma "corda contínua", "em zig zag", uma vez passando pela lona e outra passando pela moldura, como mostra a foto acima (neste caso moldura de corda).*

*✓ Para tensionar a lona, colocam-se ilhoses adicionais no intervalo entre os existentes de fábrica, de modo a aumentar os pontos de passagem, para diminuir a força de tração de cada ponto, e uniformizar mais superfície.*

*✓ Para facilitar a instalação da "corda contínua" (CC), deixam-se colocados, tanto na lona quanto na moldura, mosquetões plásticos, que proporcionam enorme facilidade.*

✓ *Os mosquetões são colocados com uso de tiras de câmaras de ar de carro, em argola. O comprimento das tiras de borracha é de 25cm a menor e 50cm a maior. O conjunto menor serve para a lona e o maior para a moldura.*

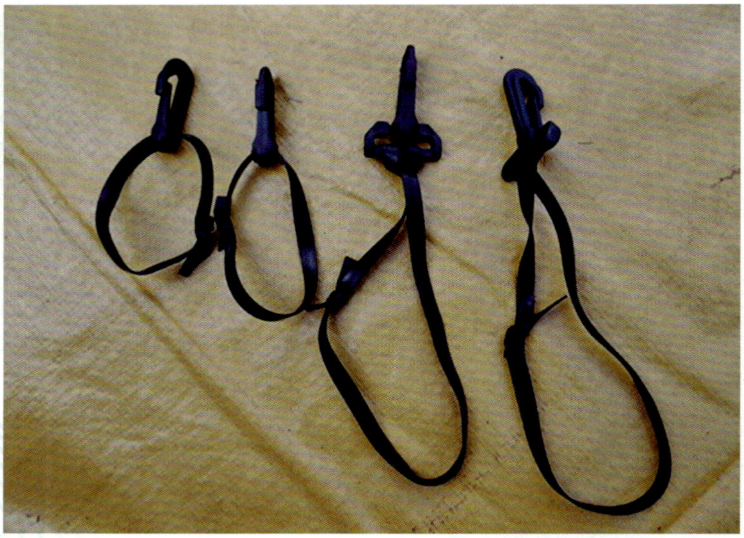

✓ *Nas fotos abaixo, a moldura foi feita com uma corda, porém pode ser de qualquer material desde bambus, árvores ou elementos naturais no entorno.*

✓ *A melhor forma de trabalhar é com duas pessoas passando a corda simetricamente, em faces contralaterais, de modo a facilitar a uniformidade.*

✓ *Em todos os casos a moldura, quer seja de corda ou elemento fixos, deve ficar a pelo menos meio metro da lona.*

*Momento em que são instalados os ilhoses*

*Observação: os mosquetões de plástico são facilmente encontrados no comércio especializado e são muito baratos*

# VII. PROJETOS ESPECIAIS

## BIVAQUE

Já teve dificuldades em fazer um bivaque?

AQUI VAI UMA BOA SUGESTÃO:

Basta rachar um bambu e fazer pontas!
Escolha um bambu plantado com mais de 20cm de circunferência.
Divida a circunferência em partes (tiras) iguais com mais ou menos 5cm de largura (se tiver 20cm divida em 4, se tiver 25cm divida em 5, etc). Rache o bambu (in natura, no pé mesmo) com uma faca (de preferência uma com lâmina mais grossa) ou uma machadinha em todo comprimento.

Com a ajuda de mais pessoas, puxe as tiras para aumentar as rachaduras até o bambu deitar.

Corte o excedente (extremidade superior) e faça ponta nas tiras para fixá-las ao chão de acordo com sua necessidade.

Cubra com folhas e lembre de não deixar o vento passar

Usando um bambu de 40cm de circunferência é possível fazer abrigo para 6 pessoas e com 2 metros de altura!

OBS: 20cm de circunferência = 6,4cm diâmetro; 25cm = 8cmØ; 40cm = 13cmØ

***Felipe Sototuka***

**RODA GIGANTE**

É acionado através de cordas fixadas nas extremidades e trabalho de equipe

## CATAMARÃ

No modelo aqui apresentado usamos câmaras de ar de caminhão na proporção 1 câmara: 1 pessoa.

Para fins de navegabilidade este tipo de embarcação é bem mais veloz (apesar de lento) do que as construídas simplesmente com câmaras de ar infladas, que causam enorme resistência na água.

Usamos 6 câmaras. Cada flutuador é composto de 3 câmaras. Uma delas é aberta transversalmente e em cada lado introduzimos uma outra câmara.

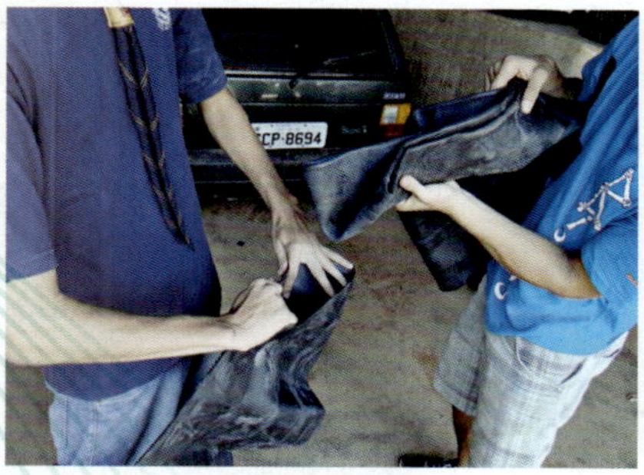

Inflamos as câmaras internas

Como as válvulas precisam ficar acessíveis, elas ficam nas extremidades. Como um pedaço da câmara interna fica exposta, complementamos as extremidades com mais um segmento de câmara.

Cada flutuador é amarrado sob um dos lados da estrutura

Os bambus do estrado são fixados com a amarra de esteira

Já quase pronta, faltando somente o "X" no meio para evitar torção

Quando finalizada pode ser utilizada para travessias de rios e riachos

## CATAPULTAS

As atividades com catapultas proporcionam um dos pontos altos de pioneirias práticas, porém, existem detalhes descritos a seguir que podem fazer toda diferença entre um projeto de sucesso ou um projeto frustrante por não conseguir uma estrutura capaz de lançar "as munições" de acordo com o idealizado.

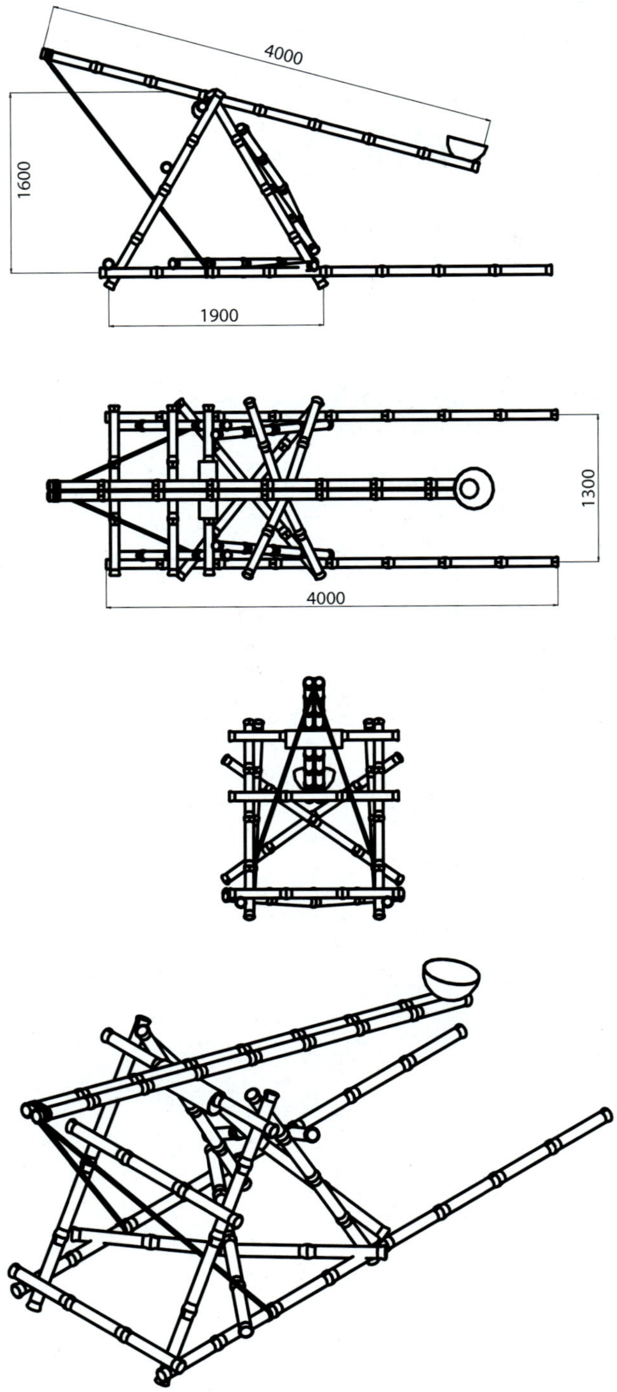


Projeto dimensional

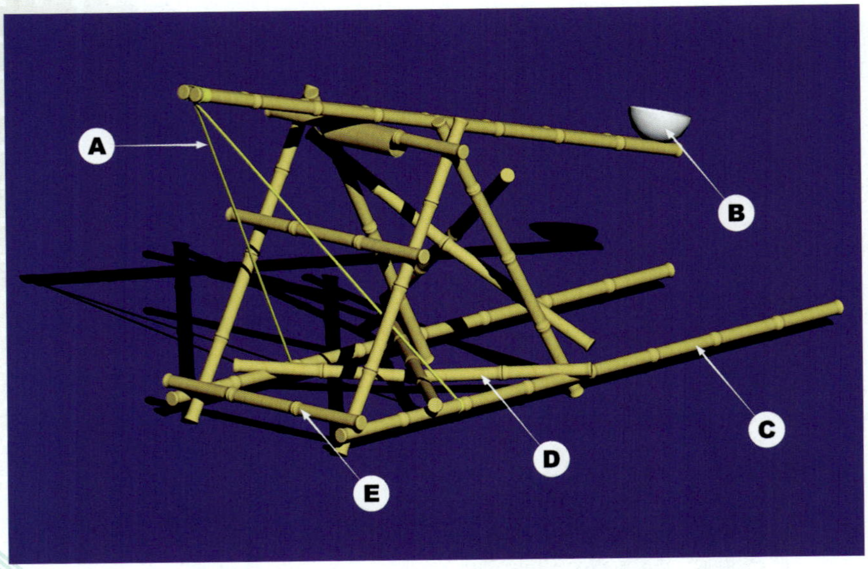


DETALHES FUNDAMENTAIS PARA ESTE MODELO MAIS TRADICIONAL ("A")

A - O elástico a ser empregado deve ser de látex tipo "tripa de mico", bem resistente, com diâmetro de cerca de 18mm ou mais. As borrachas de câmara de ar normalmente são "mortas" e não proporcionam adequado impulso.

B - A "panela" deve estar fixa em uma haste dupla de modo que a catapulta, ao ser disparada, não faça com que a panela "rode" em torno da haste.

C - O travessão inferior deve ser prolongado na mesma medida do comprimento da base, de modo que o conjunto não caia para trás ao ser tracionada a haste de lançamento.

D - O "X" deve ser colocado na parte inferior e na parte posterior da armação, para evitar colapso e torção. O centro do "X" deve ter a madeira ou bambu com **encaixe**, para não distorcer a estrutura toda.

E - Por se tratar de estrutura que sofre movimentação brusca e frequente, todas as amarras devem ser "mordidas" com elástico para que não ocorra afrouxamento delas.

F - O comprimento dos bambus (ou eucaliptos), que compõem a estrutura da catapulta (o triângulo, as traves e os "X") deve ser de 2 metros. A haste de lançamento e a trave que vai para trás medem 4 metros.

G - O elástico (tubo de látex) tem diâmetro externo de 18mm e comprimento de cerca de 2,6m.

H - A munição usual são bexigas tamanho "0" (zero) com água.

MODELO "B" (MENOS CONHECIDO)

- Tem a construção mais simples, mas menos empregada nos jogos escoteiros por ter menor capacidade de lançamento à distância, usando-se o mesmo elástico.

*Modelo B*

**ESTACAS DE ANCORAGEM & RETIRADA DO SOLO.**

Solucionando um dos maiores problemas, que é a sua retirada do solo.

ESTACA DE BARRA MACIÇA DE FERRO, COM ROSCA EXTERNA.

É confeccionada da seguinte forma:

✓ A uma barra maciça de ferro com 60cm de comprimento por uma polegada (2,54cm) de diâmetro, é adicionada uma rosca externa de uma outra barra maciça de 6mm, com uso de solda elétrica. Antes de adicionar a rosca externa, deve-se fazer a "ponta em lápis" com auxílio de um torno mecânico, seguido de solda de uma meia argola na outra extremidade como esquematizado no desenho a seguir:

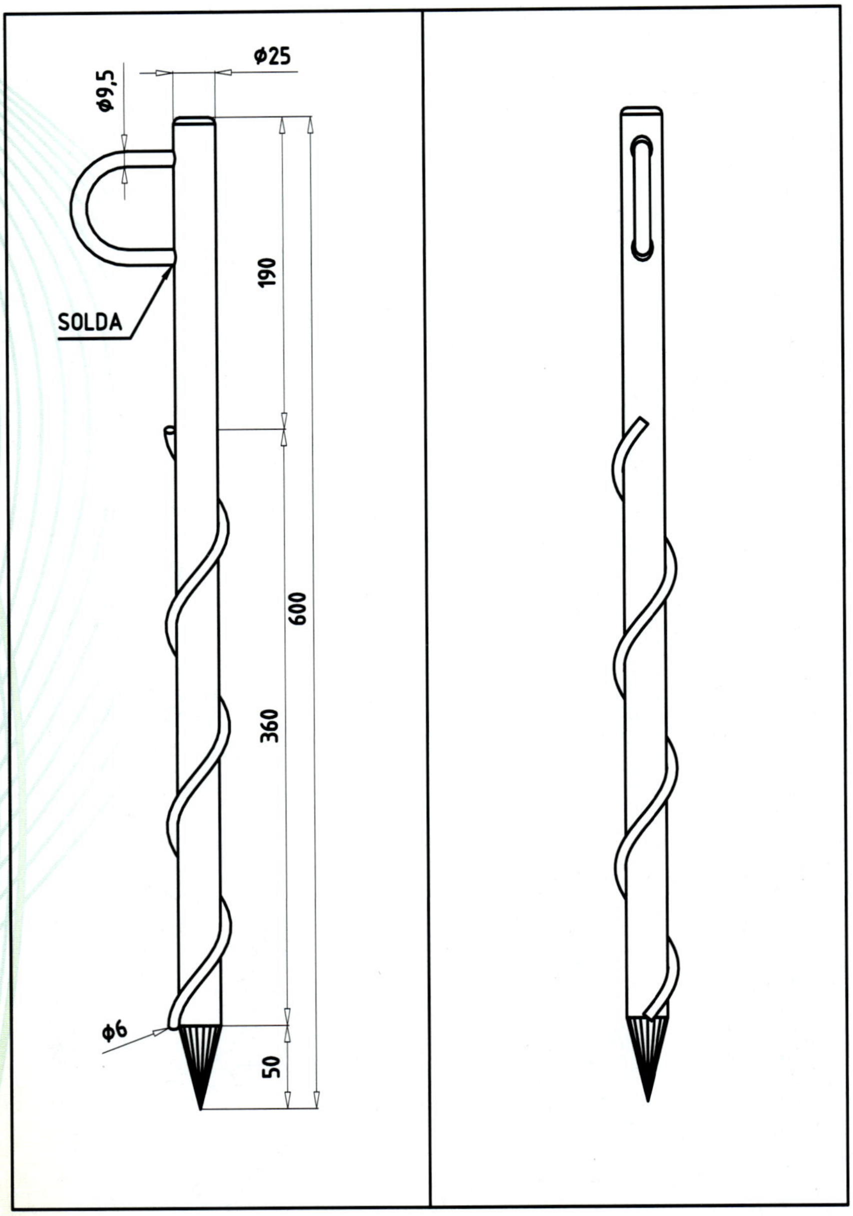


Medidas em mm

Ao se introduzir esta estaca no solo com auxílio de uma marreta, verificamos que este modelo vai penetrando com alguma rotação. O emprego dela se faz como qualquer outra, e a alça pode se utilizada para evitar o escape do cabo a ser tracionado. A grande diferença deste modelo de estaca com rosca externa está no momento de sua retirada do solo, que é feita com muita facilidade. Até mesmo uma criança pode fazê-lo, com auxílio de um "braço", desenroscando-a do solo.

Vide Ilustração abaixo.

## ESTEIRA DE BAMBU COM "REBITE POP" PARA MESAS OU OUTRAS UTILIDADES

***Euclides Santos Pallamin***
***Jorge Kuma Sototuka***

Aqui vai uma sugestão de uma esteira feita de bambu, porém feita de forma não convencional. Tem o custo um pouco mais elevado do que aquelas feitas com linhas de náilon grosso ou mesmo sisal, mas, compensa em muito por sua durabilidade, pois dura muitos anos quando bem tratada.

**MODO DE FAZER:**

✓ O bambu ideal é do tipo mossô. Ele deve ser cortado em pedaços de 90cm, e depois rachado em ripas de 3,5cm de largura. A ripa deve ter sua lateral raspada com facão para remover farpas e fazer um ligeiro arredondamento. Selecionar rigorosamente as ripas de forma a eliminar as muito curvas no seu comprimento, as muito finas e as muito grossas. É desejável também raspar as saliências das intersecções. O conjunto das ripas precisa ser bastante uniforme.

Uma vez escolhido o conjunto de ripas de bambu, tratar de cortá-las precisamente com 800mm de comprimento. Todas as extremidades devem ser verificadas de tal forma que o corte esteja rigorosamente a 90 graus.

A 10cm de cada extremidade fazer um furo bem centralizado com broca de 4,36mm (11/64").

✓ A cinta de nylon deve ser furada a cada 4,5cm com um prego aquecido de tal forma a permitir passagem justa do rebite.

✓ Sobre uma bancada que caiba a esteira em toda sua largura e comprimento, estiram-se as cintas e inicia-se o processo de montagem: colocam-se as ripas de bambu uma a uma sobre a cinta de nylon, sobrepondo-se os furos e fixando com o rebite. A arruela fica embaixo da cinta para segurar o rebite.

✓ Para terminar, para fins de preservação da esteira (se o bambu estiver seco), pode-se passar uma mão de verniz marítimo.

Esteira pronta

Detalhe dos rebites fixados na face externa

Detalhe dos rebites na face inferior, prendendo a arruela e a cinta

## ANEXO TÉCNICO - ESTEIRA DE BAMBU & REBITTE POP

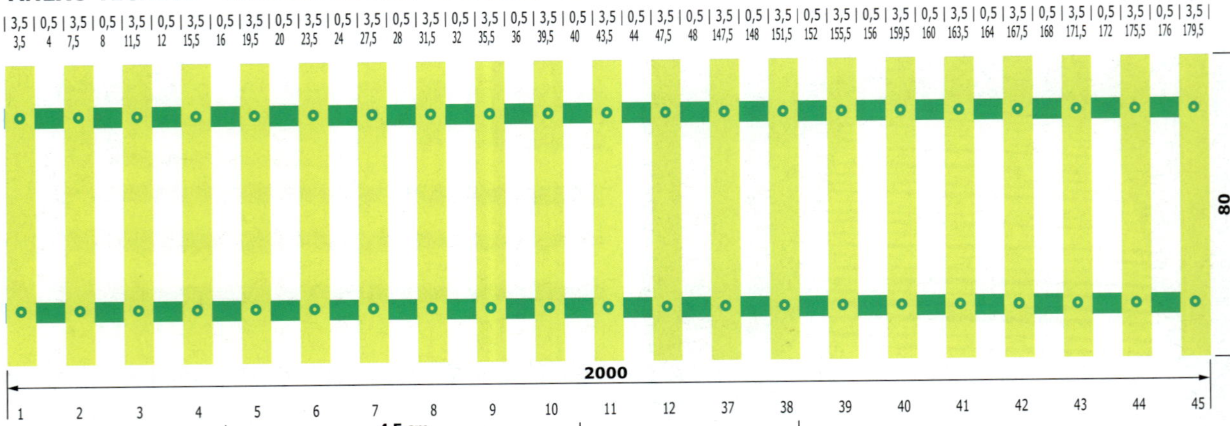


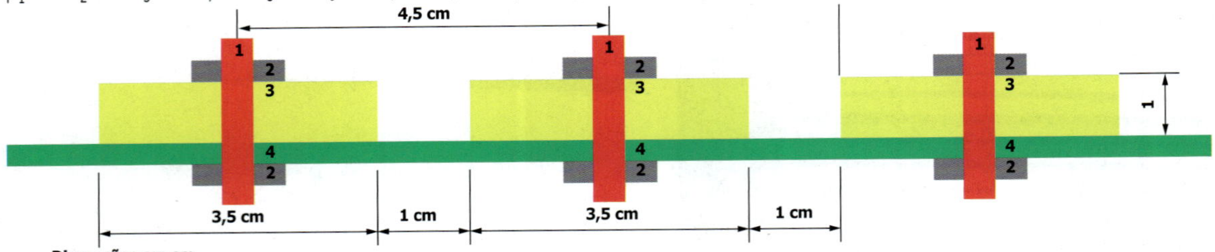


Dimensões em cm

| ESTEIRA DE BAMBÚ EM CENTÍMETROS | | 202,5 | |
|---|---|---|---|
| 1 | Rebite POP de Alumínio 4 x 19 mm – qtde | 90 | |
| 2 | Arruelas dia. Interno 5/12" – qtde | 180 | |
| 3 | Largura Ripa Bambú em centímetros | 3,5 | Garantir a espessura média das Ripas de Bambú 1cm no local da aplicação do rebite |
| | Comprimento Ripa Bambú em centímetros | 80 | |
| | Qtde. Ripas de Bambú por Esteira | 45 | |
| 4 | Cinta de Nylon Compr. Aprox. Em centímetros por esteira | 415 | Usar prego aquecido p/ furar a Cinta de Nylon. Espaçamento entre furos: 4,5 cm |
| | Espaçamento em cm entre Ripas de Bambú | 1cm | |
| | Alicate Rebitador | | Foi usado um dispositivo com uma barra de ferro de comprimento 2,1 metros e furada a cada 4,5 cm visando garantir a exatidão no espaçamento entre as ripas |
| | Furadeira elétrica | | |
| | Broca Aço Rápido 11/64" (4,36 mm) | | |

OBS.: A arruela na parte externa é opcional

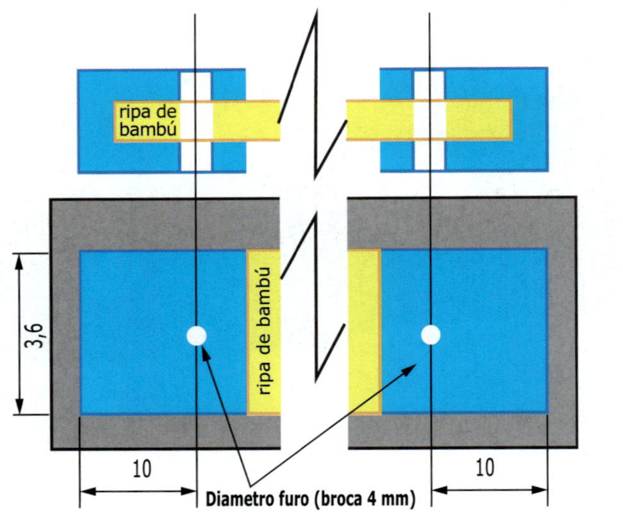


**Dispositivo de furação tipo bainha**

**Inserir a extremidade da ripa de bambú até encostar no fundo do diapositivo e furar**

**ESTILINGÃO**

No verão ou no inverno o estilingão é sempre divertido. O modelo aqui apresentado é bem simples e eficiente. Mais comumente usamos como munição as bexigas de tamanho "0" com água.

DICAS:

✓ As bexigas, de tamanho "0" não podem estar muito cheias, porque estouram no momento em que são arremessadas por causa da inércia

✓ As bexigas devem estar com o mesmo tamanho de cerca de 6cm

A forma correta de segurar a bexiga na hora do lançamento é muito importante

***Enio Kobara***

## ESTRUTURAS MODULARES

Neste capítulo especificamente destacamos as TRELIÇAS diariamente vistas na construção civil em lança de gruas.

Em pioneirias, as treliças são estruturas que proporcionam aproveitamento máximo do bambu, de suas propriedades de compressão e estiramento.

Chamamos de modulares porque a mesma estrutura, em um curso escoteiro, foi utilizada como mesa e também como ponte, assim como poderia ser utilizada como torre, mastro, painel, cerca, etc., dependendo apenas da imaginação. Durante este curso foram construídas outras treliças menores com outros objetivos. O destaque ficou mesmo por conta da resistência testada por cerca de 10 pessoas penduradas ou sobre a ponte apesar do grande comprimento.

No momento da construção

Utilizada como mesa

Testando a resistência da estrutura em treliça

## FORNO DE CUPINZEIRO

CUPINZEIRO. É uma desgraça? É uma praga?
- não!
- é um maravilhoso forno escoteiro! Dá para fazer pizza, bolo, *baked potato*, churrasco, lasanha e outras delicias de forno.

COMO?
Localizar um cupinzeiro de pelo menos 50cm de altura; escavar em volta, retirar do solo e apoiar nas laterais de modo a ficar de pé. A retirada do solo exige um bom trabalho em grupo, porque pelos nossos cálculos, este cupinzeiro de cerca de 50cm de altura, vai ter 1 a 1,3 m de altura total, considerando a parte localizada abaixo da terra e pesando cerca de 300 kg!!
Uma vez em pé, com devidos calços laterais, faz-se um buraco na lateral, na metade superior de modo a ser a "boca do forno". A parte interna é mole e fácil de ser retirada. Agora basta colocar uma grelha e providenciar uma tampa que pode ser uma de panela grande.
Funciona da mesma forma que um forno caipira, bastando encher de lenha, colocar fogo e esperar um bom braseiro. O forno estará pronto para uso. Bom apetite!

Retirada do solo

*A lasanha quase pronta!*

## FREIO DE TIROLESA

As atividades de tirolesa, ou semelhante como o "teleférico" conforme indicação da ABNT, devem ter um sistema de freio, que independa de controle do usuário ou do pessoal de apoio.

As ilustrações a seguir são de um modelo de freio.

Neste exemplo a roldana bate em um tarugo de nylon, que em seguida bate em um rolamento preso a dois elementos elásticos fixados no solo em estacas.

## MAQUETES

São reproduções de estruturas tridimensionais, em miniatura. Define-se a proporção com a qual se quer trabalhar, levando-se em consideração particularmente a finalidade. Quando se trata de projeto, a confecção de maquetes permite antecipar as dificuldades e com isso planejar melhor a construção da estrutura no tamanho real. A confecção de maquetes é parte importante na construção de pioneirias de grande porte como torres e pontes. A visão tridimensional da maquete ajuda em muito a esclarecer os fluxos de trabalho de uma equipe.

As maquetes de pioneirias escoteiras normalmente atendem bem as necessidades na proporção de 1:15 ou 1:20. Exemplificando-se: na proporção (ou escala) 1:15, um centímetro na maquete equivale a 15cm na medida real; ou 2cm na maquete, correspondem a 30cm na medida real e assim por diante.

As maquetes utilizadas neste livro são pinadas para conferir rapidez e fácil visualização. Não são modelos artísticos com detalhes como amarras e nós, mas apenas estruturas em menor proporção utilizados para orientação prática a adultos e jovens.

ESCOLHA DE MATERIAIS

1. CAVILHAS

A minha preferência tem sido por cavilhas de eucalipto. Existem de outros materiais como pinus, caxeta e marfim. A preferência acaba sendo o eucalipto. O pinus deixa de ser ideal por ser madeira muito mole, deformável e de aspecto muito artificial; a caxeta por ser material de disponibilidade irregular no comércio; e o marfim por ser muito duro e de disponibilidade também irregular.

Existem cavilhas de diversos diâmetros mas, os mais usados são os de 6, 8, 10 e 12mm, que corresponderiam respectivamente a estruturas de 9, 12, 15 e 18cm na proporção 1:15.

2. PINADORES

São instrumentos para "pregar" as estruturas das maquetes.

Os modelos de pinadores que tenho empregado têm funcionamento acionado a ar comprimido e os pinos mais comuns tem sido os de 0,8mm e sem cabeça.

3. GABARITOS

São reparos ou referências usados para obter estruturas com as mesmas dimensões.

Nesta ilustração vemos o gabarito do "A" da mesa. As traves vermelhas foram fixadas nos locais pré-determinados e assim podemos obter a mesma abertura, o mesmo local onde cruzam as pontas, a mesma altura das traves dos bancos e da esteira.

Da mesma forma, na ilustração seguinte, vemos o gabarito da escada, que nos permite obter a mesma distância entre as duas colunas.

MESA DE CANTO DE PATRULHA (DURADOURA)

Tendo verificado, ao longo do tempo, que as mesas de Patrulha tinham vida curta, cerca de um a três anos, o Grupo em consenso sugeriu a construção de um modelo mais duradouro com "cara " de campo. É um modelo tradicional que encontramos com frequência nos parques nacionais americanos.

Evidentemente, o custo inicial foi maior, mas o modelo que ora se encontra na sede já tem mais de quinze anos e está intacto. Desta forma, a estas alturas, já saiu muito mais em conta do que se tivéssemos construído cinco outras!

As madeiras para confecção deste tipo de mesa devem ser aquelas consideradas duradouras, como o cedro, peroba, ipê e outros. Na mesa ilustrada, o tampo é de granito porque na ocasião havia uma promoção imperdível, mas pode ser confeccionado também em compensado (naval de preferência) ou de tábuas do mesmo material do corpo principal. Os parafusos foram os chamados "franceses", apropriados para madeira.

## O PROJETO DA MESA

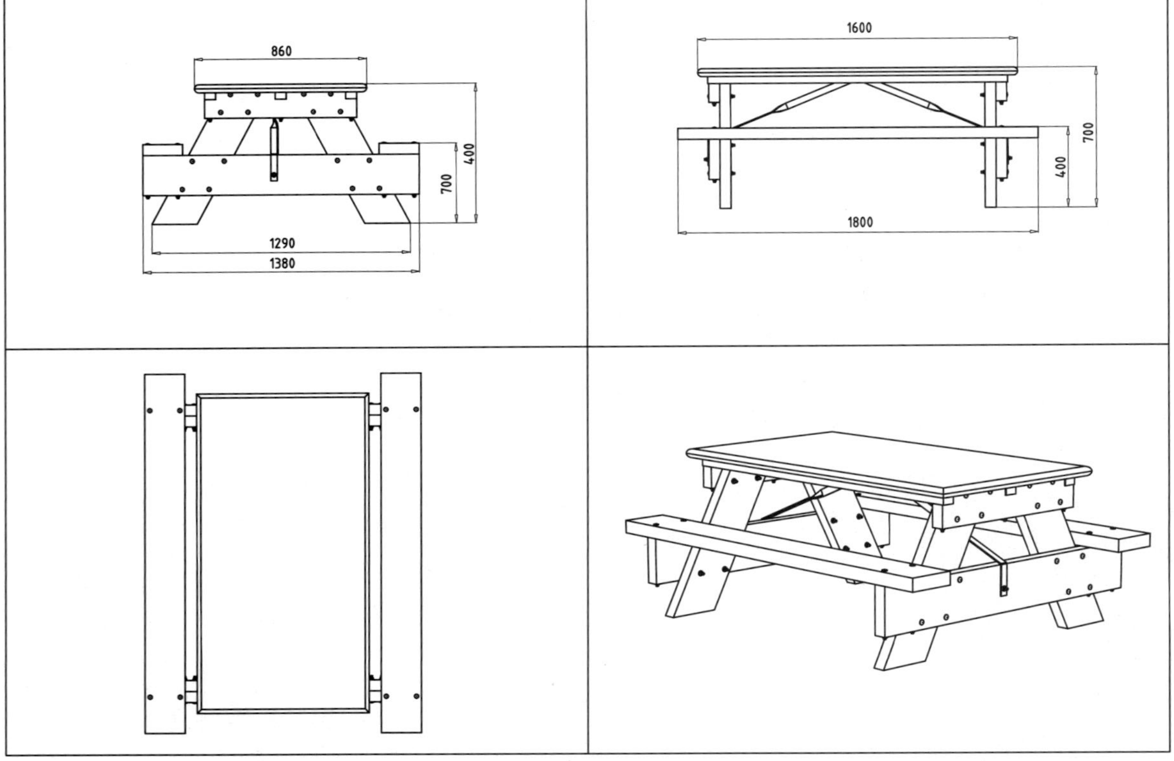


## PROJETO "EXPLODIDO"

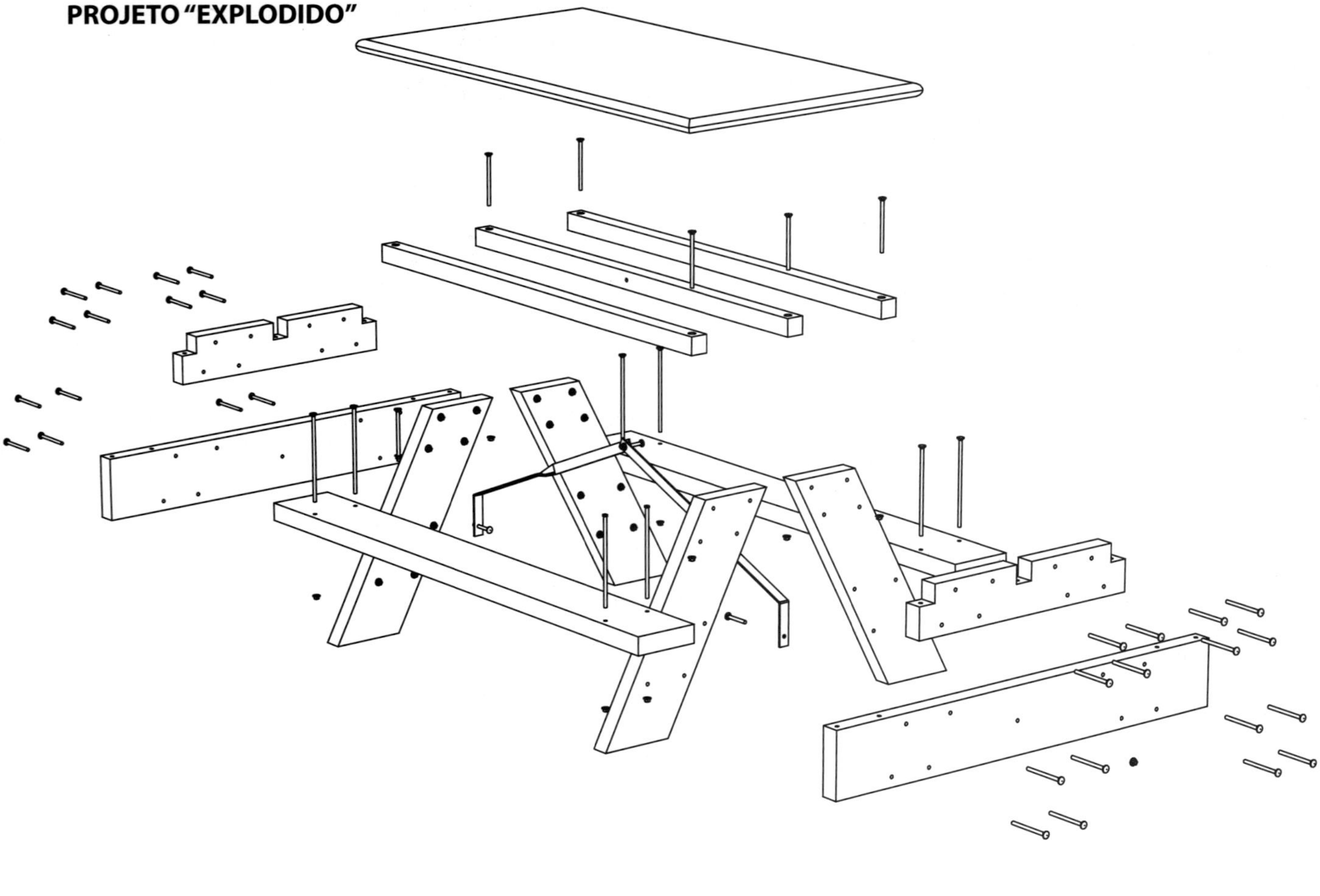

## PLATAFORMA FLUTUANTE

A proposta de construção de uma plataforma flutuante é muito desafiadora e permite uma diversidade de atividades sobre ela.

Na plataforma flutuante podemos:

✓ Acampar

✓ Juntar duas ou mais e fazer uma base de atividades. Uma das atividades mais divertidas que já presenciei foi jogar "rugbi" sobre a plataforma com direito a "touch down", que no caso era feito fora do campo, ou seja na água. Foram muitas cenas inesquecíveis de lançamento e recebimento de bola ainda no ar antes de cair na água.

✓ Usar como embarcação e aprender a "velejar"

✓ Servir de plataforma intermediária de uma ponte flutuante

✓ Quando em uma lagoa fechada e menor, é divertido acampar e soltar a ancoragem. Nunca se sabe onde vai parar.

✓ Permanecer 24 horas sem descer da plataforma...

✓ Corrida, revezamento...

Na plataforma foi empregada a técnica de amarra de esteira.

Um detalhe construtivo importante neste tipo de estrutura é o bambu colocado sobre a esteira em ambas laterais. Por ser uma superfície lisa, instável, que inclina conforme o movimento e distribuição do peso, evita que muitos materiais e pessoas caiam na água.

MODELOS

As figuras escoteiras que ilustram este livro, junto às maquetes, foram criadas também na escala de 1:15.
A seguir descrevemos os passos para criação dos modelos.

Num primeiro momento criam-se os modelos originais esculpidos em epóxi.
Segue-se a confecção um molde de silicone, que é envolto por um segundo molde de gesso de modo a evitar deformação.

*Os moldes são preenchidos por resina na coloração desejada*

Os modelos com a curagem completa são desmoldados do molde de silicone.

## PROJETO DE FUNDIÇÃO DE LATAS DE ALUMÍNIO

INTRODUÇÃO:

- É um projeto relativamente simples, mas com grande impacto de resultados. É abrangente porque dá destinação às latas de alumínio; envolve conhecimentos de fundição e pode produzir material de grande utilidade. Neste caso, produzimos "flor de lis", que foram entregues como reconhecimentos em diversas atividades. A "flor de lis", de alumínio, teve grande valor agregado por terem sido produzidas pelos jovens.

MATERIAIS NECESSÁRIOS:

- ✓ Um tambor de 200 litros
- ✓ Um cilindro cônico de folha de flandres
- ✓ Um lança chamas (tipo usado para aplicação de betume para impermeabilização)
- ✓ Um botijão de gás de 13kg
- ✓ Um recipiente (cadinho ou equivalente) para trabalho
- ✓ Areia de fundição
- ✓ Um molde à escolha do que se quer reproduzir
- ✓ Terra
- ✓ Um tenaz (espécie de alicate para movimentar o cadinho)

MÉTODO

O tambor de 200 litros é cortado pela metade. Coloca-se terra argilosa peneirada, levemente úmida, com cerca de 10cm de espessura no fundo, sempre batendo bem para ficar compactado. Em seguida coloca-se no centro um cilindro cônico de cerca de 18cm de diâmetro superior X 15cm de diâmetro inferior; em volta do qual se complementa com o mesmo tipo de terra. (A terra aqui referida, foi retirada do chão).

Para permitir a entrada do lança-chamas, molda-se um canal de mais ou menos 7cm de diâmetro, saindo da lateral e próximo à base. O lança-chamas deve ficar direcionado para um dos lados (da parte interna) e levemente voltado para cima, de modo que a chama produzida percorra de forma circular e ascendente.

O cadinho fica apoiado sobre um pedaço de tijolo.

As latas de alumínio eram amassadas e simplesmente colocadas dentro do cadinho, adicionando-se mais à medida que o alumínio se derretia.

Na base do forno observa-se o furo onde o lança chamas é posicionado

O mesmo forno, depois de muito aquecido, fica semelhante ao tijolo. O cadinho sendo segurado com o tenaz.

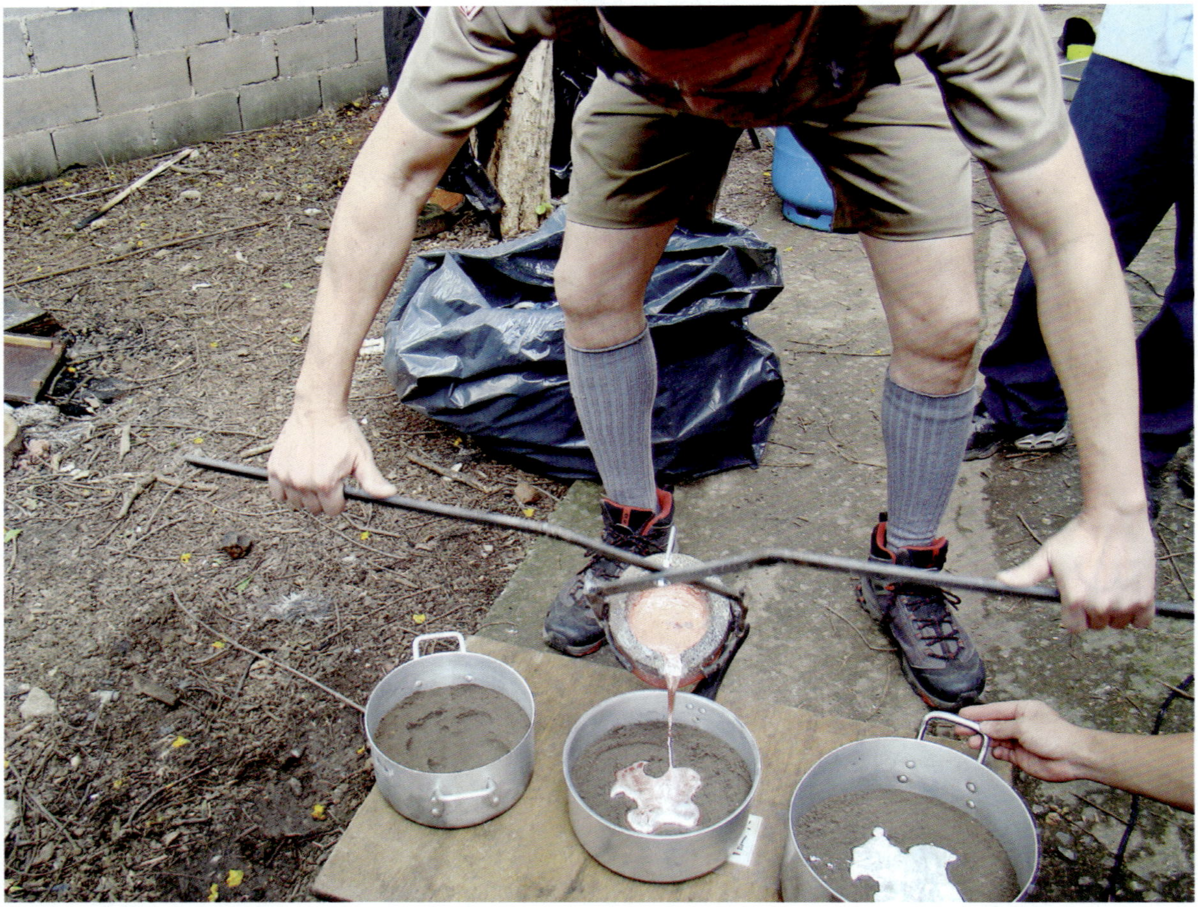

O alumínio fundido está sendo colocado no molde que é obtido simplesmente pressionando-se a flor de lis original sobre a areia de fundição

Até baixar a temperatura dos objetos, leva cerca de uma hora

A flor de lis em alumínio pronta

***Jorge Kuma Sototuka***

## REDES

A rede é um instrumento muito útil. Pode ser usada para proteção, para dormir ou ainda como obstáculo. Podem ficar na horizontal ou na vertical, aéreas ou não.

Podem ser confeccionadas em diferentes tamanhos, formatos e especificações de resistência.

A rede aqui ilustrada foi confeccionada com cabos coloridos de polipropileno de 8mm. As cores diferentes foram usadas para facilidade de confecção. Neste caso, foram cortados cabos de 15 metros, colocados lado a lado e marcados de 30 em 30cm, de modo que os nós (em oito) se apresentassem sempre na mesma distância.

Podemos empregar também nó de aselha ou escota.

## TOCHAS PARA FOGO DE CONSELHO

É PROBLEMA; 50% DAS TOCHAS FALHAM!

O que acontece de errado mais frequentemente?

✓ Não tem expressão. Quase não se vê o fogo sendo conduzido.
✓ Apaga muito precocemente
✓ Apaga se bate um vento mais forte
✓ Não é capaz de acender a lenha
✓ Cai durante o trajeto
✓ Provoca queimadura no condutor
✓ Causa pequenos incêndios no trajeto ao derramar combustivel
✓ A fumaça faz arder os olhos do condutor

## COMO FAZER UMA TOCHA?

1. Para o cabo usar apenas madeira maciça de cerca de 4 - 5cm de diâmetro por 50 a 70cm de comprimento. Evitar o bambu porque queima muito rápido ou explode se for verde.

2. Na extremidade do cabo da tocha fixar um prego médio ou fazer um furo para fixar um arame.

3. Empregar tecido de algodão ou estopa para envolver uma extremidade do cabo. Fixar o arame no prego ou no furo, enrolar firmemente o tecido ou estopa com o arame. Arrematar as pontas do arame. A quantidade de tecido ou estopa deve ser suficientemente grande, (cerca de 70g - 100g) para absorver cerca de 50ml de combustível, de forma também a não ficar encharcada e sim umedecida. É importante que o tecido da tocha não seja sintético, porque este pode derreter e causar queimaduras.

*A tocha a base de gasolina é difícil de se apagar*

4. O arame deve ter cerca de um metro e meio de modo a permitir fixar a estopa, passando algumas voltas.

5. Não usar álcool, porque apaga rápido, não produz chama expressiva e também porque existem vários padrões de hidratação fazendo com que alguns não peguem fogo.

6. Não usar gasolina porque o seu ponto de fulgor é muito baixo. (vide conceito de ponto de fulgor adiante e imagem na página anterior)

O perigo de se usar a gasolina é que se trata de um combustível muito difícil de apagar. Vide foto mostrando que a tocha com gasolina não se apaga mesmo usando um jato de água.

7. Como combustível, empregar apenas os seguintes combustíveis com a seguinte ordem de preferência: diesel, isoparafina (usado em tochas decorativas), querosene e solvente (aguarrás). Estes combustíveis proporcionam chamas consistentes, bem visíveis, fortes e suficientemente duradouras, além de serem mais seguros no transporte, armazenamento e manuseio.

8. Não usar latas de refrigerante na ponta da madeira porque são de difícil estabilização e podem causar acidentes.

Testamos diversos combustíveis. O primeiro a esquerda é álcool, que não produz chama expressiva.

Aspecto final da tocha

## PONTO DE FULGOR (FLASH POINT)

É a menor temperatura na qual uma substância libera vapores em quantidades suficientes para que a mistura de vapor e ar logo acima de sua superfície propague uma chama, a partir do contato com uma fonte de ignição.

Considerando a temperatura ambiente numa região de 25º C e ocorrendo um vazamento de um produto com ponto de fulgor de 15º C, significa que o produto nessas condições está liberando vapores inflamáveis, bastando apenas uma fonte de ignição para que haja a ocorrência de um incêndio ou de uma explosão. Por outro lado, se o ponto de fulgor do produto for de 30º C, significa que este não estará liberando vapores inflamáveis.

PONTO DE FULGOR

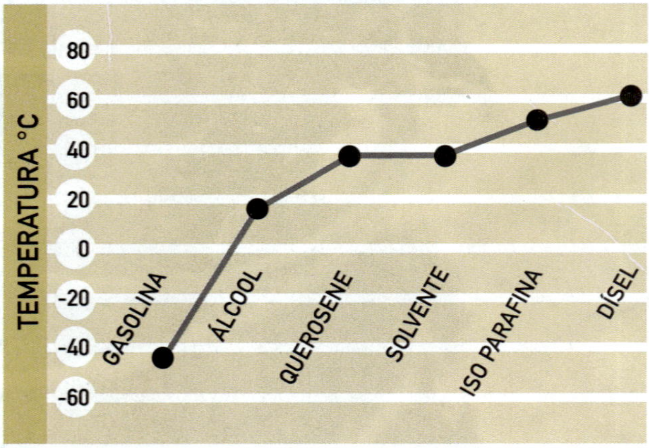

**“Atividades atrativas, progressivas e variadas? Foi isso que eu encontrei na vida no campo e assim comecei a escrever este livro há quase 50 anos”**

***Jorge Kuma Sototuka***

FAMÍLIA NA CHAPADA DIAMANTINA, 2009 - Masuo, Kuma, Cristina, Felipe, Christie, Rui e Fábio

Este livro foi composto nas fontes Myriad Pro e Verdana,
e impresso em novembro de 2014 em papel couchê 115g